ふかわりょう

スマホを置いて旅したら

大和書房

初めてアイスランドを訪れたときのこと。当時はまだスマートフォン（以下スマホ）というものが存在せず、ケータイを持参していました。しかし、設定の問題なのか、現地ではずっと圏外。全く繋がらない状態に、体が不安を覚えます。メールが届いているのではないか、連絡が途絶えていないか。しかし、三日目くらいから心境が変わってきました。繋がっていない状態が、むしろ、心地よくなってきたのです。体がフワーっと浮かぶような解放感。同時に、この小さな端末が、普段いかに重くのしかかっているのか。この端末の本当の重さを実感したのです。

スマホを悪者にするつもりも、手放すつもりもありません。昔はよかったとノスタルジーに浸るものでもありません。あの島で味わった感覚を、もう一度味わえたなら。そんな淡い期待を抱いて、私は旅に出ることにしました。

スマホを置いて旅したら

CONTENTS

絵・描き文字　風間勇人
装丁　小川恵子（瀬戸内デザイン）
カバー写真　ふかわりょう
帯写真　尾鷲陽介

スマホを置いて旅したら

1　出発

そうして本来なら、遠足の前日のように期待に胸を膨らませて荷物を詰める頃、私は、台風の進路を示す輪の連なりを15分おきに眺めていました。「大型で史上最強」と鳴り物入りで近づいてくる大きな渦は、ようやく九州に上陸。早く通り抜けてくれればいいけれど、あまりにスピードが遅いので、いよいよこれは明日の出発に影響を受けるのでは。そんな心配が期待を凌駕し始めます。新幹線は運休や計画運休。飛行機の欠航はもちろん、次々となぎ倒される高速道路や鉄道。各社、今後の運行状況をホームページであげていました。

乱立する計画運休をかいくぐり、目的地へはなんとか乗り継いで向かえそうです。あとは、新幹線が予定通り動いてくれさえすれば。最も接近するという今夜の被害状況が明日の出発時間も左右します。そんな心配を抱き枕にして眠る私を起こしたのは、屋根や道路を叩きつける大粒の雨。これはもしかすると……。嫌な予感がしてノートパソコンの蓋を持ち上げると、寝ぼけ眼が見開きました。見間違いではないだろうか。「通常通り運行」となっています。この異常事態にも拘わらず。安全確認だとかあるだろうに、さすが東海道新幹線。日本が誇る大動脈。感動に浸りながら、私は7時発の「のぞみ」を目指して準備しました。

荷物を玄関に並べると、私は、スマホを手に取り、指先に力を込めます。

「それじゃぁ、行ってくるから」

画面が真っ暗になり、眠っている子供を起こさぬように、家を出ました。車を新横浜駅に停めるので、そこまで連れて行ってもよかったのですが、「家を出る時がこの旅のはじまり」と捉えました。散乱する枝葉が路面に張り付く道。余裕をもって到着すると、切符売り場は特別混乱した様子もなく、静けさが漂っています。スムーズに経由地と目的地を伝えた私を待っていたのは、厳しい現実でした。

「名古屋からの在来線が、すべて止まっています」

昨夜から一変。一晩で運行状況が変わっていました。なんとか乗り継いでいけるだろうと思っていたルートが全滅。昨日発表されたのと違うじゃないですか、とカウンター越しに喚いたところで動き出すわけではありません。出鼻を挫かれ、のぞみを奪われた私を乗せて、のぞみが動き出しました。

では、今回の旅の目的地をご紹介しましょう。そもそも、一切目的地を決めずに、ひたすらあてのない旅というのもいいと思ったのですが、それだと「スマホなし」という要素以外にも「あてがない」という要素も増え、「あてなし、金なし、スマホなし」のような「3なし旅」になります。それもいいのですが、やはり今回は、ただスマホを置いていくとどうなるのか、どのような景色が待っているのか、ということに絞りたいので、目的地は決めました。3泊4日のスマホなし旅。宿も事前に押さえています。初日は岐阜県の美濃、二日目は郡上八幡、三日目は岐阜市。なぜ目的地をこのエリアに定めたのか。それは、旅の途中でお伝えしようと思います。

東京から美濃に行くにはいくつかルートがあるのですが、鉄道に詳しくない私にとっては、新幹線で名古屋に出て「特急ひだ」で美濃太田に向かい、そこから長良川鉄道で美濃市駅へ。これが一番わかりやすいルートでした。が、どうやら名古屋で足止めとなりそうです。本来ならお昼くらいには美濃にいるつもりでしたが、今日中に着ける確証もなくなってきました。こんな時こそ、グーグルで調べれば別のルートをすぐに検索できていたかもしれません。待ち時間も、スマホがあればそれほど苦ではないでしょう。もしかすると、スマホが最も手放せない時に、スマホを置いてきてしまったのでしょうか。

それにしても、スマホを持たないというだけで、事前準備はまるで初めての海外旅行のような気分でした。

1　出発

旅館の電話番号や訪ねたい場所の連絡先等、いつもならスマホで調べればいいのでメモしておく必要もないのですが、予めノートに一覧表を作っておきました。旅のしおり。懐かしいです。持ち物なんかも記しておきます。着替えは何着、下着は何着。そんな中で、持っていくかどうか迷ったものがありました。ひとつは、カメラ。普段はスマホに内蔵されるカメラで撮影しているので単体のカメラを久しく手にしていませんでした。が、スマホがないということは、カメラもないということ。なので、代わりにデジカメを持って行こうか。でも、撮影することに振り回されたくない。そんな中で、あるものが目に留まります。

「これを持って行こう」

いわゆる「使い捨てカメラ」と呼ばれる、フィルムのカメラ。かつて、遠足や修学旅行の際に持参したカメラ。昨今のアナログ・ブームによるものか、どこかでいただいたものが一台あったので、これを連れて行くことにしました。27枚撮りなので、ペース配分が大事。なんでもかんでもシャッターを切るわけにいきませんが、デジタルとは違う風合いがあるので、思い出はこの使い捨てカメラで切り取ることにしました。使用期限がやや切れていますが、まぁ大丈夫でしょう。3泊4日を27枚で。これだけでも楽しいテーマです。あとは、メモとして記録するために、久しぶりにデジカメの電池の充電をして就寝しました。

もうひとつ、リュックに詰めようか迷ったもの。それは、本。旅先での読書。電車に揺られながらの読書は格別です。移動の間や、待ちぼうけの際の心強い相棒にもなるでしょう。が、今回は置いておくことにしました。というのも、旅の中で取り戻したいものがあったからです。

1 出発

2　スマホに奪われたもの

スマホが我々の生活に与えてくれたものは計り知れません。どれだけの恩恵があるでしょう。どれだけ便利になったでしょう。電話やメールの通信手段に限らず、音楽を聞いたりニュース記事を見たり、動画やSNSを見たり、買い物したりナビをしてもらったり、数えあげればキリがありません。何から何までこれ一台でできてしまいます。旅から帰ってきて、スマホなしの生活にシフトするつもりもありません。ただ、その一方で、スマホに奪われたものもあると思うのです。便利さに気を取られ、気付かぬうちに失ってしまったもの。そういったものの中に、もしかすると、大事なものがある気がするのです。だから、旅の間だけでも、取り戻すことができたなら。

スマホに奪われたもの。そのひとつは、「ぼーっとする時間」です。

授業中に、「こら、ぼーっとするんじゃない」と叱られたものです。カーテンが風に揺れ、お腹もいっぱいで先生の言葉が遠のいてゆく、あの「ぼーっとする時間」こそ、人間には必要なものだと思うのです。あの時間は決して無駄なものではなく、頭の中を整理したり、脳を休ませたり、それなりの意味があったのではないでしょうか。成績はどうなるかわかりませんが、人間の機能としては有効なもの。喉が渇くように、脳が休息という潤いを欲している。しかし、電車の待ち時間や通勤時間をはじめ、ぼーっとする時間もスマホに目を向けることが多くなりました。中吊り広告もなくなりつつある昨今。本来ぼーっとすることで脳を休ませるべき時に、新たな情報がのしかかり、脳はいっそう疲れてしまう。

あれ、今、何をしようとしていたんだっけ。何をしにこの部屋に来たのか、扉を開けたのか、机に向かったのか、そんな風にストンと抜け落ちる時はありませんか。そういった類のことは、老化や記憶の障害ではなく、単に、脳が疲れているだけだと思うのです。もちろん私は脳の専門家ではないですから、科学的なデータがあるわけではありません。デジタルネイティヴという、それが当たり前の環境で育った人にとっては、ぼーっとする時間は必要ないかもしれませんが、少なくとも私のような、大人になってからスマホを手にした人間にとっては、それまで当たり前にあった、脳を休める時間をスマホに奪われてしまいました。

だから、「ぼーっとする時間」を取り戻すこと、それがこの旅の目的のひとつ。

なのに、本を持っていってしまうと、それらが読書にあてられ、目的と逆行してしまう。同様に、オーディオプレイヤーも置いていきました。ひたすらぼーっとするために。

時間でいうと、わからない時間もそうです。何かわからないことがあっても、スマホで検索すればすぐに答えに辿り着くようになりました。しかし、答えに辿り着くまであれこれ思案し、思いを巡らせることも大切だと思うのです。なので、旅の間、そういった時間も取り戻すことができたなら。

私は車窓を眺めていました。小さな窓にあふれる文字ではなく、大きな窓を流れる景色をなんとなく眺めていました。台風一過で期待されるクリアスカイは現れず、強風で散らかった雲が空を跳ねています。最近は車内Ｗｉ−Ｆｉが充実しているので、新幹線で大阪に向かう際など、スマホがあればＳＮＳやニュースをチェックしたり、動画を見ていれば簡単に退屈を振り払うことができますが、たまには退屈に同伴してもらうのもいいものです。

名古屋に到着する頃には多少の目処が立っているといいのだけれど。三河安城を越え、まもなく名古屋到着のアナウンスが始まる頃。ここから先どうなるかわからないけれど、とにかく名古屋まで来ればなんとかなるだろう。やや、のぞみを回復し、なにかと待ち時間が長くなるだろうからとトイレを済ませ、洗面所に向かった時です。

「あれ？」

洗面所の電気がパッと消えました。かと思うと、他のあかりもストンストンと落ち、サーバーがダウンするように車内の空調も止まります。軋む音を立てながら減速する車両。

「なんだ？」

車窓が完全に停まりました。はちきれんばかりの沈黙を、臨時の車内アナウンスが壊します。

「ただいま、原因不明の停電により停車しています」

原因不明の停電。これも台風の影響でしょうか。あとちょっとのところで躓いてしまいました。座席に戻り、どうすることもできず、車窓が映す静止画をぼんやり眺めています。

「新幹線で、足止め食らってるー」

「マジで？　大変！」

「もう少しで名古屋だったのにー」

なんてメールのやりとりも、ツイートもできません。再びアナウンスが流れます。

どうやら台風ではなく、地震の発生により停電したとのこと。どこで地震が起きたのでしょう。復旧までどれくらいかかるのでしょう。目の前にご馳走があるのに、「待て」と言われているワンちゃんのよう。胸の中で息を荒くしていると、電気系統がウィーンと音を立てて立ち上がり、パソコンの再起動のように車内が明るくなります。街並みがゆっくり流れ始めました。

「長引かなくてよかった」

このリカバリ力もさすがです。が、安心はできません。むしろ、ここからが真の茨の道。数分の遅れで新幹線のホームを下りる私を待っていたのは、ブラックホールのように真っ黒になった在来線の掲示板。

「美濃太田まで行きたいんですけど」

切符を握り締め、改札の係員に訊ねても、明確な情報は得ることはできません。いつ動き出すか全く目処が立っていない。美濃じゃなくてもいい、とにかく岐阜にさえ入ってくれれば……。しかし、名古屋発の列車はほぼ壊滅状態。在来線のホームには、いつやってくるかわからない電車を、スマホをいじりながら待っている人たちの猫背が並んでいます。改札を出ると、名古屋駅構内のコンコースは人で溢れ、テレビ局のクルーがカメラの三脚を立てていました。

「名鉄さんだったらあるかな」

バスで行くことはできるのか駅係員に訊ねた際にさらりと放たれた言葉がよぎりました。私は、記憶の中にある言葉にしがみつき、列車のアナウンスを気にしながら、名鉄バスのターミナルを目指します。

「美濃方面はないですね」

駅舎を出てすぐの長距離バスの発着場にはなく、名鉄バスのそれは駅の反対側にあるとのこと。コンコースを引き返し、なんとか百貨店に併設する名鉄バス乗り場に到着した頃には、髪の毛が額にピタッと貼り付いていました。ここに美濃方面、もしくは、岐阜方面の路線があれば。

「中濃庁舎……」

路線図の中から終点の名前がひとつ引っ掛かりました。この「中濃庁舎」の「濃」は美濃の「濃」ではないだろうか。

「この路線って、美濃に向かいますか」

向かわないと困るんですと言わんばかりに訊ねられた男性係員は、詳しいことは所定の場所の運転手に訊ねてくれということで、さらに階段を上り、中濃庁舎行きの停留所でバスの到着を待ちました。きっと、美濃に近づける。あとは、出発時間。本数が少ないだろうから、数時間待つことも覚悟して時刻表に顔を寄せると、9時10分発がある模様。今は8時50分。通常通り走ってくれるなら、とてもいい繋がりです。

「9時10分発のバスって、美濃まで行きますか」

意中のそれより先にやってきた別の路線のバスが停まり、降りてきた運転手に確認すると、美濃に行きたいのであれば、終点の中濃庁舎よりも「関シティターミナル」という停留所で降り、長良川鉄道に乗り換えるのがいいと教えてくれます。

「よし、これでなんとか辿り着ける」

道が開けました。発車時刻の5分前に意中のバスがやってきました。なんと頼もしい表情。関シティターミナルは10時30分着。そこから長良川鉄道に乗り換えですが、台風の影響で動いていない場合もあるのではないか。そんな懸念を運転手に渡すと、

「ここに向かう時に踏切が動いていたので、走っていますよ」

まるで、刑事ドラマのワンシーンのような記憶のたどり方。私の不安は溶けていきました。

「名鉄バス、最高」

私の他に男性が一人、高速道路に乗る前の停留所で女性が一人、計三人の乗客を乗せ、四角い大きな鉄の箱が走ります。青空が広がってきました。新横浜で購入した、名古屋から美濃太田までの乗車券は無駄になりましたが、比較的スムーズに乗

り継げました。在来線のホームで待っていたらどうなっていたでしょう。一番前の席で、映画のスクリーンを見るようにバスの車窓を眺めています。使い捨てカメラのシャッターを切る音が車内に響きました。

3 予行演習

実は、今回の旅に先駆けて、練習していました。急に数日間手放すというのも危険な気がしたので、事前の訓練が必要だと思い、「スマホなし旅」の予行演習。かつて煙草を止める時も、急に絶っても失敗するので徐々に本数を減らし、もうなくていいかもと実感したところで禁煙をスタートさせ、今日に至ります。なので、少しずつスマホのない時間を増やし、スマホなしの生活に慣れる。宇宙飛行前に無重力空間に慣れるように、無スマホ空間に慣れる。それで私は、極力、スマホから離れて生活するようにしました。なかなか簡単には実践できない部分もあるかと思いますが、参考までに。

まずは寝室。以前は、枕元にスマホやタブレット、パソコンなど、たくさんのりんごに囲まれて寝ていました。寝る直前まで、触れていました。目覚まし時計の役割として置いておくと、就寝前に色々と閲覧してしまいます。動画を見てから寝る人がいる一方で、その刺激で眠れなくなる人もいるようです。寝起きでＳＮＳを開き、朝っぱらから自分の悪口を目の当たりにしたり。こいつくそつまんねーなという言葉を目にする。書く人が悪いのではありません。見る者が悪いのです。寝室にスマホを持ち込まなければ、そういった煩わしさから解放され、代わりに、目覚まし時計の短針と長針が織りなす角度が目覚めに優しく、穏やかな朝を迎えられます。

次に、カフェ。おしゃれなカフェでランチをしているのをＳＮＳに上げる。可愛らしい盛り付けにレンズを向けたくなる気持ちもわかります。注文した途端にスマホを触り出したり、スマホを立てかけて動画を見ながら食事をしている人もいます。同じテーブルで会話をせず、それぞれがスマホをいじっていたり。スマホを置いてきたら、カフェでの過ごし方はどんな風に変わるでしょう。

私は、スマホの代わりに本を持参するようにしました。待っている時間に開いた本の中にある言葉は頭の中を浄化してくれる気がします。同じ文字なのに不思議です。紙の上に流れる文字は、言葉のせせらぎ。作者がいて、出版社がいて、編集者がいて、それはまるでいくつもの岩盤をくぐり抜けて濾過された清らかな水のようで。そもそも、どうしてスマホを覗いてしまうのでしょう。

繋がりたいのでしょうか。今、何が起きているのか、知りたいのでしょうか。

ネットに上がったものは、消えない、いわゆる水に流さない世界。だとしたら、今見たって、後で見たって大差はない。ネットの中に、今、覗き込まなきゃいけないものなんてない。SNSなどをチェックしたくなる気持ちもわかりますが、空き時間の度にチェックしていたら、それこそスマホの奴隷。一日に1回でも問題ないはずです。ちょっとだけと思っても、ずるずると沼にはまるように、結局、スマホに時間を奪われてしまう。無意識に画面をスクロールさせていることもあります。もはや、習慣化されてしまっているのでしょう。自分にほとんど影響のない事象にまで触れる日常は、情報を与えられるよりも、私たちから平穏を奪っている気がします。

次に私は、スマホを持たずに仕事に行く練習を始めました。するとどうでしょう。思いのほか不安に襲われました。もしも途中で事故に遭ったら。大渋滞に巻き込まれて遅刻しそうになったら。今まで仕事に向かう際に事故に遭ったことなどないのに。私の性格もありますが、そういう思考回路になりました。スマホは安心感を与えてくれていたのでしょう。しかし、スマホを持つ前はそんなに不安になった覚えはありません。いつの間にか、スマホがないと不安を覚える体になってしまったようです。

間をとって、スマホを車内で留守番させることもありました。現場には持って行くけど、肌身離さずではなく、車内に置いておく。それだけで、楽屋での過ごし方は変わります。そこでも本を開きます。ただ、本番前に何か気になることがあっても調べられません。「ちょっと調べてくれる？」とマネージャーに頼めますが、過度に依頼すれば、「私はあなたのスマホじゃありません」と言われるでしょう。

そんな時期を経て、スマホを車内待機から自宅待機にスライドしていきました。かつて留守番電話が主流だった頃、家に帰ると本体のランプが点滅していて、一度に確認することがありました。あれくらいのペースでも十分です。慣れてくると、帰宅後もチェックせず、翌日まで触れないこともありました。幸い、困ったことは起きませんでした。

あとは、対外的な準備も大事です。勝手にスマホを手放しては、周囲を不安にさせ、迷惑を掛けてしまいます。今回の旅の前には、連絡をとる頻度の高い人には、趣旨を話しておきました。

そういった訓練期間を経たところで、煙草のように、なくても生活していけるという心境にはなりませんでしたが、スマホで埋められていた隙間からどんな景色が見えるのだろうと、「スマホなしの旅」への期待は高まりました。

そうこうしていると、「岐阜」の文字が車窓を泳ぎはじめました。岐阜タンメン。

百年公園。岐阜の県内にいる実感は、私の心を潤し、体内の不安を一掃します。
昭和の香りのする商店街を抜け、大通りへ。すると見えてきました。関シティターミナル。ロータリーを大きなバスが飛行機のように旋回します。リュックを背負ってバスを降りると、目の前にコンクリートの建物が、柵を隔てた向こうには、木造の駅舎が見えます。あれがまさしく、長良川鉄道の関駅。バスの運転手さんが言ったように、乗り換えに好都合な場所です。

「のどかな雰囲気だ」

ここから突然、別世界。旅情を誘う彩り。木造の駅舎の存在感が強く、同じ時代に共存しているのが不思議なくらい、普段見かけない色があります。線路を隔てた駅舎へ歩いて横切る鉄の轍（わだち）は、見ているだけで心が和みます。改札がどこなのか、駅の中と外の境界線がはっきりしていないところも魅力的です。切符を購入する小さな窓口の上の路線図を見ると、ここから数駅で目的地の美濃市駅。もう、あと少し。

「さっき出ちゃったから、次は11時55分やね」

バスの運転手さんには感じなかったイントネーションは、関西弁でも名古屋弁でもなく、もう、美濃の世界に入ったようです。今は10時半。さて、どうするか。この駅舎でぼーっとするか、周辺を散策してみるか。しかし、一旦道路を越えてしまうと、割と見慣れた景色。長良川鉄道にも乗りたいし、ここで道草を食うのもいいけれど……。

「うだつの上がらない町に行きたいんですけど」

早く辿り着きたい気持ちが、私にタクシーの窓を叩かせました。ここから20分ほどで到着するとのこと。料金もさほど高いものではないでしょう。長良川鉄道はひとまず、お預けとなりました。

「うだつが上がらないんじゃなくて、上がる町やね」

「あ、そうだ、上がる町です」

つい、言い慣れている慣用句の方を口にしていました。

「いやぁ、台風でどうなるかと思ったんですけど」

「大変やったね」

目的地を目前に、興奮気味な私の言葉を包む柔らかいイントネーション。時折、檜皮葺（ひわだぶき）屋根の家屋や、少し懐かしい瓦屋根の家が、新しい家並みに交じって車窓を流れていきます。やがて国道を右折し、真っ直ぐ進むと、周囲の色が変わりました。

「じゃぁ、ここら辺で」

タクシーを降りた私を、格子戸の家並みが囲んでいます。家を出たのが朝6時。あれから5時間。予定とは大きく違うルートでしたが、私は無事に、美濃市うだつの上がる町に到着。タクシーの運転手から幾度も発せられる「ありがとうねー」は、東京はもちろん関西でも耳にしたことなく、この方の個性なのかわかりませんが、しばらく耳に残っていました。

4　うだつの町

連休明けと台風の影響もあり、閑散として、静かな時間が流れています。格子戸の木造家屋が隙間なく並び、一気にタイムスリップしたようでした。使い捨てカメラのフィルムを巻く音。ペース配分をしっかりしないと、と思っていても、普段とは違う目の感触に、シャッターを押さずにはいられません。

江戸時代から続く、商人の町。和紙をはじめ、和紙を用いたランタンのお店、杉玉を掲げた酒屋さん、古くから続くお店もあれば、リフォームしたカフェなどが軒を連ねています。町のガイドマップを片手に歩いていると、木造2階建ての瓦屋根の下で、大きな白い暖簾が揺れていました。かき氷も扱っているカフェのようです。到着できた安心感とともに、ひとまず昼食を摂ることにしました。暖簾をくぐると、改装された店内は、北欧調のソファが並ぶ、若者たちが好きそうな現代風の雰囲気。ランチセットを注文すると、丸いお皿の上に載って、サラダと2種類のキッシュがやってきました。

飛騨高山、下呂温泉、白川郷。岐阜県の観光名所というと、そのあたりが挙げられますが、美濃和紙が特産の美濃には、もうひとつ、有名なものがあります。というのも、このうだつの上がる町並みというのは、「地位や生活がよくならない」を意味する慣用句、「うだつが上がらない」の語源となった「うだつ」をはじめ、数百年も前の家屋が現存している歴史保存地区となっているのです。折り目のついたガイドマップを広げると、漢字の「目」の字状に町ができているのがわかります。しかし、うだつはどこにあるのでしょう。

近くにある小さな観光案内所で訊ねると、女性スタッフがカウンターから出て教えてくれました。

「ほら、あれですよ」

家屋と家屋の間に地面から壁が伸びていて、その上に、八の字の形をした、小ぶりな瓦屋根が浮かんでいます。あれが「うだつ」。家紋のような細工も施されています。でも一体、なんの目的で作られたのでしょう。耐火材などのない当時は火災が何よりも怖いもの。隣家が燃え出したら、延焼し、みるみるうちに燃え移ってしまいます。そこで生まれたのが、この、うだつ。これを掲げることによって、少しでも延焼を防ぎ、荷物をまとめる時間を稼ごうとしました。

しかし、掲げるにもそれなりのお金がかかります。財力のある家はうだつを設置することができますが、そうでなければ設置できない、つまり「うだつが上がらない」。これが、語源。そこから人々の暮らしを流れ続け、晴れて立派な慣用句になりました。

「あれが、うだつかぁ」

木曽や奈良井宿、川越。古い家屋が並ぶ街は数えあげればきりがないほど全国各地に残っていますが、こんなにも「うだつ」が並ぶ場所は珍しいのではないでしょうか。しかも、時代を超えて親しまれている慣用句ですから、いわば地元の「スーパースター」。実態を知らず、これまで無意識に口にしていたものを、いざ、目の前にすると、なんとも言えない感動を覚えます。が、私は、このスーパースターに会うために美濃にやってきたわけではありません。この地を選んだのには別の理由があったのです。

「やはり、今日は休みか」

格子造りの木造家屋が横に伸びています。茶色の格子戸に貼られた定休日の文字。この向こうに、私の会いたいものが待っている。休館は事前に調べて知っていたので、想定内。明日、伺うつもりでいました。

チェックインまでまだ余裕があるので、今度は川を見たくなりました。清流・長良川。ガイドマップだと、そう遠くなさそうです。一旦、うだつの町並みを離れ、国道を横切り、川へ向かいます。木造家屋がまばらになった道をリュックを揺らして歩いていると、建物の間に、激しく波打つ川面が見えました。下りに傾斜する道の向こう側で、ビルの合間に見える高速道路のように、勢いよく水が流れています。そうして姿を現したその川は、前日の台風の影響で茶色く濁り、かなり増水し、水位もだいぶ上がっています。高い堤防や河川敷がないので、住宅地のすぐそばまで迫ってきている様子は、まるで、巨大な龍が泳いでいるようでした。

　三日月のような木製の船をロープに括り付けている二人の男性。鮎を釣るための船でしょうか。少し離れたところには、近所の方なのか、細長い焦茶色の煙草を指でつまみ、口に運んでは、吐き出した煙を風に飛ばしています。

　水面、上がっていますねと話しかけると、彼は、いやぁ、こんなのは大したことないよ。前はこんな高さまで来たからね、と、やや得意げに自分の背丈よりも高い位置に手を伸ばします。彼曰く、川沿いの家は、増水しても大丈夫なように建築されているらしく、床が抜ける仕組みになっているそう。確かに、地面から数十センチほど持ち上げられて、空洞ができ、水の通り道が設けられています。

「あれは、なんだ」

　木製の塔が見えてきました。見晴らし台でしょうか。火の見櫓のような高さですが、これは、物資運送の玄関口として築かれた上有知湊（こうずちみなと）に今も残る木製の灯台。上有知とは、美濃の旧名。ここに多くの物資が運ばれて来たのでしょう。今でも夜になると、川面を淡く照らすそうです。

さらに川沿いを進むと、赤い橋が見えてきました。大正5年（1916年）、およそ100年前に作られた、日本最古の近代吊り橋、美濃橋。幅は3メートルほどでしょうか。龍の胴体に巻き付くように、赤い鉄柵が架かっています。背鰭（せびれ）のような山の稜線と髭のような白い雲。橋の上でカメラのシャッターを切り、往きとは別の道で戻る私の目を、あるものが捕らえました。

「懐かしいな」

うだつの町と長良川の間を走る大通りの交差点に、電話ボックスが佇んでいます。最近はすっかり見かけなくなりました。存在感の薄くなった電話ボックス。最後にあの箱の中に入ったのはいつだったでしょう。テレフォンカードを使用していた時期もありました。家でかけると親に聞かれるので、小銭を握り締めて近くの電話ボックスまで歩いた夜もありました。ケータイやスマホが普及するとともに、街から一気に姿を消しました。

「もうチェックインできますか」

宿泊先で荷物だけでも預かってもらおうとしたところ、チェックイン可能とのこと。リュックを下ろし、浮かぶように軽くなった肩。渡されたペンで宿泊者の署名をした時です。

「な、なんだ、これは」

私の体に、電流が流れるような衝撃が走りました。

うぐいす色のシートにペン先をつけ、動かした時の書き味とインクの染み込み具合いが、これまで味わったことのない感覚でした。

「もしかして、これって、和紙ですか」

「はい、そうです、美濃和紙を使用しています」

こんなに違うものなのか。全然、書き心地が違う。最近は、実際に文字を書く習慣こそなくなっていますが、何気なく書いただけで、こんなに吸い込まれてしまうとは。薄緑色の和紙の沼。土鍋で炊いたご飯のような感動。なんて書き心地がいいのだろう。私の心は、美濃和紙にチェックインしました。

この感動を察知してか、「もしよかったら」と奥へ案内してくれる男性。扉を開くとそこには和紙の柔らかな世界が広がっていました。

4 うだつの町

5　長良の恵み

幻想的な空間が広がっていました。天井の高い蔵に、丸い和紙のあかりがいくつも吊るされて、夢の中にいるようです。旅館に隣接した「Ｗａｓｈｉ－ｎａｒｙ（ワシナリー）」という和紙専門店。宿泊客には営業時間外にも案内しているとのこと。壁には、音楽室の肖像画のように、職人さんの眼差しが飾られています。フロントに荷物を置いて軽くなった私の体は、ふわりとした和紙に囲まれて、いっそう軽くなるようです。見ているだけで、こんなに心が和むのはどうしてでしょう。なんせ、美濃和紙は１３００年も続いているものですから。

一般的に和紙と洋紙の大きな違いは、和紙が木の皮のみを使用しているのに対し、洋紙はパルプを原料としていること。* その後の工程も違うわけですが、機織りのように、紙を漉（す）いている手作業のイメージが、和紙にはあるのではないでしょうか。

「もともと、この地域は田畑に適さないということで、和紙が発展しました。川を

隔てて向こう側が職人の町、こちらが商人の町」

案内してくれた男性が、和紙のように柔らかな口調で説明してくれます。美濃和紙は長良川の恵み。田畑に適さない欠点が、その発展に大きく寄与したようです。先程のうだつが上がる家屋は、豪商の家屋だったのでしょう。

隅っこに見慣れないものが立て掛けられていました。小さな文字がブロックのように綺麗に積み上げられています。

「もしかして、あれって」

そう、活版です。世界の印刷技術は目覚ましい発展を遂げてきましたが、この技術が生まれるまでは、書き写しか木版印刷だったので、とても希少なものでした。そこへ、活字を組み合わせて版を作る活版印刷機の登場により大量生産が可能になります。現代の印刷機と基本的な原理はほとんど変わっていないように、それは、世紀の大発明と言えるでしょう。ここでは単なるオブジェではなく、現役で使用されているそうですが、男性スタッフが言うには、

「日本語はアルファベットに比べ文字数が多いので、その分、たくさんの種類が必要なんです。また、欧米のサイズと日本のサイズ（号）が一致していないので、その分、手間がかかります」

とのこと。

しかしながら、ざらざらとした和紙に刷られた活版印刷の文字の、デジタルでは表現できない風合いに、温もりを感ぜずにはいられません。他にも和紙を利用した折り紙やメモ帳、懐紙、カレンダーが並び、あまりに素敵な和紙ばかりなので、明日、あらためて訪ねることにしました。

「では、お部屋へご案内します」

和紙に対する感動が冷めやらぬまま鍵を渡されて案内された場所は、なお私の胸を熱くします。もちろん、事前にある程度調べていたので、それなりの世界観は予想していましたが、それをはるかに超えていました。

木戸が開くと、石の道が伸びて、左手に現れる大きな蔵。まさか、ここ一棟すべてが。

「はい、こちら一棟ご利用になれます。あちらの木戸からも出入りできますので、その際は鍵をお忘れのないように」

そう言って、女性スタッフは去って行きました。こんな立派な蔵で一泊できるとは。分厚い木の扉をするすると開けると、薄暗がりに光が差し込み、ここにも素敵な空間が広がっています。天井が高く、大きな梁が獣の爪のように架かっています。和紙で作られたランプが淡い光を放ち、壁に埋まる窓枠からは、外光が斜めに注がれています。土間にはソファが佇んでいて、木製のダイニングテーブルが馴染んでいます。なんてゆとりのある贅沢な空間なのでしょう。ここに一人で泊まれるなんて。階段を上がるとベッドが並び、四角い小窓から外の景色が望めます。

和紙を備蓄するための蔵だったのでしょうか。古民家を再生したプロジェクトはかつてからありますが、蔵を程よく改装した、和洋折衷。どの部分が新しいものなのかわかりませんが、きっと蔵自体は何百年も前に建てられたのでしょう。ここなら何日でも泊まれそうですし、うだつの町並みの世界観を損ねません。さっそく、フロントを通らずに木戸を開けて表に出ると、まるでここに住んでいるかのようです。侍になった気分で、再びうだつの町を歩き始めました。

同じ高さの家屋が並ぶ中で、一軒だけ、瓦屋根が竹のように撓(しな)っています。ここは200年以上続く、造り酒屋の小坂酒造。杉玉はもちろん、うだつも上がっています。暖簾をくぐると、奥にも大きな蔵がありました。

代々続く「百春」という地酒を手に提げて歩いていると、同じ通りにもうひとつ、杉玉を見つけました。こちらは、かつては造り酒屋だったそうですが、今は販売のみしているとのこと。しかし、内装は年季が入っていて、交換台の電話ボックスや、200年も時を刻む木製の振り子時計が。また、火事が起きた時に荷物をまとめて運ぶための大きな竹籠が、救命ボートのように頭上に浮かんでいます。当時の火災に対する意識の高さが窺えます。

畳の小上がりから見上げると、天井がユニークな形をしています。現代でいう、吹き抜けのようなものでしょうか。窄まりながら、煙突のように突き出しています。

「ここは、あかり取りなんですよ」

かつては囲炉裏の煙を排出するためにあったようで、それが同時に室内にあかりを落としていました。ガラスが輸入されるようになると、天窓としての役割を担うわけですが、電気のない時だからこその知恵も、今となっては、おしゃれにすら感じてしまいます。

「素敵な町だ」

百春のお供に、陶器のお猪口が加わりました。他にも、抹茶のお店、和紙のお店、水団扇のお店、良さげなお寿司屋さんも見つけました。漢字の「目」の字になった町は、立ち寄らなければ、20分ほどで一周できそうです。それにしても、格子戸の家並みはとても心が和みます。秋には、和紙のあかりが軒先に並び、夜のうだつの町を彩るお祭りがあるようです。

宿の入り口で、船に張られた帆のように、大きな暖簾が陽光を浴びています。百春とお猪口をぶら下げて蔵に戻る私はもう、Tシャツにパンツというカジュアルな洋服を着ていることに違和感さえ覚えています。あらためて、無事にここまで辿り着いたことを噛み締め、この空間を肴に、日本酒に口をつけました。

「さて、夕食はどうするか」

一泊目の宿は、ＮＩＰＰＯＮＩＡ美濃商家町という、古い蔵などを利用した宿泊施設。ここの宿は通常、夕食はついておらず、朝食のみ。でも、街に繰り出す気が満々だったので、織り込み済み。それに、外のお店に行けば、地元の人と触れ合えるかもしれません。そんな思いで印をつけていた居酒屋さんはお休みの模様。新たに探さなくてはと、ガイドマップを広げると、川の向こうで鮎が跳ねています。長良川といったら鮎。清流で育った鮎の塩焼き。でも、さっき見つけたお寿司屋さんも気になります。

「よし、はしごしよう」

鮎を食べてからお寿司屋さんに行けばいい。なんせ旅なんだから。

夕日を浴びて眩しい長良川。美濃橋を渡って、左に曲がり、川沿いを歩きます。地図ではすぐ着きそうですが、なかなか見えて来ません。ガイドマップは簡略化されているため、実際の縮尺とは異なり、地図上では近くに見えてもそうではないことがあります。車が勢いよく通り過ぎる県道。犬を連れて歩いている人とすれ違い、ガンジス川のような濁流を眺めながら歩いていると、ようやくそれらしき建物が見えて来ました。きっと、あそこに違いありません。

「やっと着いた」

パーカーの下でじんわり汗をかいていました。大きなドライブインのような店構え。シーズンには観光バスが何台も乗りつけるのでしょうか。看板には、鮎づくしのメニューが踊り、生簀（いけす）にたくさんの鮎が泳いでいます。「美濃観光ヤナ」。ここで鮎を堪能しよう。そう思って扉を開けると、開店したばかりなのか、広い店内はがらんとして、店員も客も見当たりません。ラジオなのか有線放送なのか、激しいロックの音楽だけが聞こえる中、奥からエプロンをつけた女性がやってきました。おひとり様で申し訳ない気持ちを抱きつつ、細長いテーブル席に案内されます。

「鮎づくしかぁ」

さすが専門店。塩焼きはもちろん、刺身、甘露煮、唐揚げ、鍋。鮎のプレイリストが並んでいます。しかし、あくまでここは前菜。2軒目も待っているので、控えめにしておく必要があります。

「塩焼き2本と、お刺身で」

前菜としては多いかもしれません。甘露煮も迷いましたが、我慢しました。ロックから、テンポの速いアイドルソング、ビジュアル系バンドの音が鼓膜を震わせています。客一人に対して空間もBGMも勿体無いサイズを感じながら、塩焼きの上手な食べ方のイラスト図解を眺めていました。背鰭、尾鰭をとって、中の骨を外す。すると白い身だけが残り、食べやすいようです。さっそく、1匹目の鮎がやってきました。身を削がれ、レントゲン写真のように骨だけになった鮎が、目を開いて口をパクパクと動かしています。さっきの生簀からなのでしょうか。わさび醤油でいただく身は弾力があり、舌の上で跳ねます。まさに長良川の恵み。鮎を介して、自然をいただいているようです。

「お前、塩焼きも2本って、相当だな」

「え、そうかな」

「普通、1本は甘露煮行くだろ」

「そうなんだけどさ、塩焼きが好きなんだよ」

「まぁ、今年の鮎は小ぶりだしな」

極力、顔を見ないようにしていましたが、動くと反射的に見てしまいます。

「ゆっくりしてってくれよ」

次第に顔が動く頻度が低くなってくると、私の方を見ながらエプロンの女性に運ばれていきました。入れ替わるようにやってきた2匹の鮎が、皿の上で体をくねらせ泳いでいます。串に刺さっているのを想像していましたが、今にも動き出しそうな躍動感があります。

背鰭、尾鰭をとって、骨をスーッと抜く。予習していた私は、我慢できず、背中のところにかぶりつきました。薄い皮がパリッと破れ、ふわふわとした熱々の白身が飛び出してきます。いざこの躍動を目の前にすると、やはり、両手で摑んでかぶりつく方が野生的で、獲ってきた感があり、美味しく感じます。

「随分豪快だな」

皿に残った1匹が言います。

「うちらは苔を食べているから内臓も安心して食べられるからな。感謝しろよ」

私は再び背中にかぶりつきました。すっかりテカテカになった指先。塩まみれのヒレと、2つの顔が皿に浮かんでいます。

「いやぁ、美味しかった」

はるばる歩いた甲斐がありました。3匹の鮎が腹の生簀で泳いでいます。

「どちらからいらしたんですか」

「今日、東京から来ました。こっちも台風はすごかったですか」

「そう。こんだけ降っちゃうと、獲れないからね」

寡黙だった彼女の口から、するすると言葉の群れがこぼれてきます。

川床に設置する「やな漁」は、雨が降りすぎると水嵩が上がり、鮎もやなの上を通過してしまうので、今日のような日はあまりかからないようです。鮎は縄張り争いが激しく、その性質を活かした「おとり鮎」という漁があるとのこと。また、近年は、隣の滋賀から稚鮎を運んで放流するのだそう。最近は減少しているのでしょうか。

「今日は美濃に泊まって、明日は郡上に行くんです」

するると、その言葉に反応するように彼女は言いました。

「そうしたらね、ケイちゃん食べるといいよ」

「ケーチャン？」

「そう。郡上行ったらあるから」

初めて耳にする言葉。「ケイちゃん」とはどんな食べ物だろうかと考えていると、砂利をボリボリ食べる音を響かせてタクシーが到着しました。運転手が生簀の脇の階段を上がり、扉を開けます。

「タクシー、呼びましたか」

＊現在、和紙と呼ばれるものの中には、パルプ等の木材や非木材繊維を用いたものもあるようです。

6　おじさんたちがとける夜

「美濃はええところやぞ」

タクシーの運転手は嚙み締めるように言いました。リクライニングを倒し、正面からは姿が見えないのではないかと心配になるくらい浅く座っているせいか、シートに埋もれ、タクシーと一体化しているよう。

「地震、台風、水害、犯罪、ゼニ儲け、この5つがないんや」

喉をガラガラ鳴らし、太い指を折りながら力説します。馴染みのないイントネーションのためか、後半が汲み取りにくかったので、何回か聞き直しました。「ゼニ儲け」がないというのは何を意味しているのでしょう。ビジネスには向かないということでしょうか。欲張らず、穏やかな人柄を反映しているのかもしれません。それにしても、話し好きの運転手が多いのか、何かひとつ投げかけるごとに、たくさんの言葉が放出されるタクシーの車内。やな漁のように、活きのいい言葉が引っ掛かります。車窓を緑に染める田んぼ。徐々に空は青み、長良川の濁流が銀色に輝いています。やはり、歩くには遠い距離でした。

「地震、雷と、あとなんでしたっけ」

うだつの町に着く頃、さっきのフレーズを思い出したくて、運転手さんに再び訊ねます。

「え、地震、雷、台風、あれ、おかしいな。地震、雷、台風、あれ、おかしいな……」

私が、余計な「雷」を入れたばっかりに、ガラガラ声のおじさんは混乱していました。

「地震、台風、水害、犯罪、ゼニ儲けがないって、タクシーの運転手さんが言っていましたよ」

前菜を終えた私は、印をしていたお寿司屋さんの暖簾をくぐり、上にぎりを注文。地酒の「百春」を冷酒で味わいながら、饒舌になっています。大将と奥さんと、娘さんでしょうか。奥さんが抱いている赤ちゃんはきっとお孫さん。ご家族で営んでいるようです。

美濃は山に囲まれているので魚介類は不利かもしれませんが、やはりこの雰囲気。お酒が進みます。もともと、カウンター越しに大将と会話をするのが好きなのですが、地元の方を交えてお酒を飲めたらという期待がありました。まだ、他にお客さんはいません。店内には、10月に開催されるお祭りのポスターが貼られ、格子戸の町に和紙のあかりが並んでいます。娘さんの旦那さんが帰ってくるや、赤ちゃんをベビーカーに乗せて、夜の散歩に出かけていきました。

「よく言えば謙虚かな。控えめな感じ」

岐阜の人たちはどういう人なのか訊ねてみると、お嫁さんが即答。周囲の賛同を得る中、扉が開く音が聞こえます。

「いらっしゃい」

威勢のいい声が響くと、ご年配の男性二人の顔が暖簾をくぐってきました。大将のリアクションから、地元の常連さんだとわかります。

にぎやかな店内。大将の握ったお寿司が板の上に載せられては、冷酒を飲みつつ、口に放り込んでいました。それぞれ大将との言葉のラリーが続く中、次第に横でのやりとりも始まります。

「郡上おどりって、やっぱり人すごいんですか」

「朝まで踊っているんですよ」

すると、常連さんの一人が口を挟みます。

「白鳥おどりっていうのもあってね、それはもっとテンポが速くて」

そんな話で店内はすっかり和み、いつの間にか、皆が打ち解けていました。そうして、日本酒から焼酎の水割りに変わり、焼きはんぺんに醬油をつけていた時です。

「じゃぁ、2軒目行きましょう」

まさかの事態です。すっかり打ち解けたとはいえ、初対面にして2軒目に誘われるとは。光栄なことです。心のどこかでこんなことを期待していました。

会計を済ませると、じゃぁ行きましょうと、おじさん二人に連れられて店を後にします。一体、どこへ連れて行かれるのだろうか。すっかり暗くなったうだつの町を歩いて行きます。

「ついてきてくださいね」

格子戸の家屋はなくなり、あかりのない場所に出ると、ビルの壁が立ちはだかりました。駐車場なのか、行き止まりのように見えます。

「こんなところに、お店が」

そして壁に向かって歩く二人の姿が、暗闇の中に消えました。

「消えた……」

壁に浮かぶ、スプレーの矢印。階段が地下に伸びています。ここから下りるということでしょうか。危ないところに連れて行かれる心配はありませんが、一体どんな場所に辿り着くのか。心拍数が上がるのはお酒のせいでしょうか。足元がぼやけた階段を一段一段ゆっくり下りると、おじさん二人が蛍光灯で照らされています。

「ここに入るから」

どういう構造なのかわかりませんが、ビルの裏口から入ったということでしょうか。昭和にタイムスリップしたようなスナックの看板前で三人が揃うと、扉を開けました。

「いらっしゃい」

白髪のママと、まさにおじさんといった感じのおじさんが三人、カウンターに並んでいます。まるで、おじさんの巣のようでした。

椅子に腰を下ろすと、隣のおじさんがタバコを太い指で挟みながら、私の顔をまじまじと見ています。

「あれ、どっかで見たことある」

「え、うそ、あ、ほんとだ」

私は、ことの経緯をママと3匹のおじさんに伝えました。

「へー、さっき出会ったの」

そうして、6つの椅子が埋まりました。棚には酒瓶が並び、テレビが天井にくっついています。秘密の小部屋。春の祭りで使用されるピンクの飾りが、壁に立てかけてありました。グラスに焼酎の水割りがたっぷり注がれると、豚肉の串焼きや、コルクコースターのように大きなピンク色のハムが目の前に現れます。私を誘った男性は、「かっちゃん」と呼ばれていました。

「でも、あんた、よくわかったね」

「そりゃわかるよ。三人目が全然違うから」

第一発見者が得意げに言います。ママは「はっちゃん」と呼ばれていました。

「プライベートで来ているの？」

「そうです。スマホを持たない旅をしたくて」

「へー、そうなんだ」

「アルゴリズムから解放された出会いがしたかったので、ここに来られてよかったです」

「なんか、ようわからんけど、まぁ、ここに来て正解だよ」

酒やけなのか、タバコのせいなのか、ガラガラ声は、さっきのタクシー運転手の声と重なります。

「このメダカはね、私が育てたんですよ」

私の左に座る、かっちゃんが水槽を指して言います。

「かっちゃんは歌がうまいんだよ。この前も95点出したもんな」

と、ガラガラ声のおじさんがかっちゃんを讃えると、席を立ちました。

「今、五百円しかないから、つけといてね」

「と」にアクセントがあります。彼は一人で別のお店に行くとのこと。テレビから、懐かしい80年代の歌が流れていました。

「もしよかったら、これもらってくれる」

美濃和紙で作られた「うだつ」のモニュメントが透明のアクリルケースに入っています。アート関連の仕事をされている、はっちゃんの息子さんが作ったものでした。

「そんな大事なもの、頂いちゃっていいんですか」

恐縮する私に笑顔を向ける、はっちゃん。この笑顔はスマホを持っていたら出会うことはできなかっただろう、そんなことを思っていると、かっちゃんが私に言います。

「じゃぁ、もう一軒行きましょう」

まさかのもう一軒。こうなったら、おじゴリズムに身を任せるしかありません。うだつの夜を漂流する覚悟で店を出ました。

「はっちゃん、ありがとう。ごちそうさま」

そう言って、店を後にする三人。ただ、実際は漂流するまでもありません。次のお店は同じビルの斜め向かいの店。歩いて数歩という距離です。

「いらっしゃいませ」

ボリュームのある髪を法螺貝のようにぐるぐる巻いたゴージャスな雰囲気のママと、カウンターでマイクを持っている男性。さっき、はっちゃんで「五百円しかない」と言って去ったおじさんがマイクを持って座っていました。

「あ、ここにいらしたんですか」

この店は、先ほどよりもスペースに余裕があり、4匹のおじさんが並んでもまだ余裕がありました。カラオケの設備も整っているので、かっちゃんの95点はこでの話だったのかもしれません。

「会えない時間が　愛育てるのさ」

お酒のせいかタバコのせいか癖なのか、語尾を伸ばさず途切れ途切れに歌う五百円のおじさんの声が、鏡張りの眩しい店内を跳ね返っています。点数を見て、肩を落とす彼からバトンを引き継いだかっちゃんが歌い始めたのは、「ダンシング・オールナイト」。私が子供の頃流行った曲です。

確かにかっちゃんはとても上手で、のど自慢大会でも鐘がたくさん鳴りそうな安定感。今夜も95点を叩き出し、五百円のおじさんは目を細め、顔にたくさんの皺を寄せて笑っています。声質がとても穏やかなので、選曲は逆の方がいいのではと思っていると、いよいよマイクが私の方へ。普段、カラオケに行く習慣のない私はかつての十八番「夏の日の１９９３」を入力。しかし、音程キーを間違えたのか、うまく調節できず、トビウオになれないまま終わった、秋の日の２０２２。

３軒目ともなると、会話も砕けるところまで砕け、かっちゃんは夜の方はどうなんだ、できるのか、まだ現役なのか、と、お寿司屋さんではなかった話が飛び交います。すると、私の右側に座る、どことなく上品な雰囲気の漂うおじさんが口を開きました。

「相手が変わればできる」

自信ありげに吐き捨てると、マイクを持って歌い始めました。

「愛の日が過ぎ去りし今　せめても一度逢いたくて」

アルゴリズムの外にある、おじさんたちの夜。そうして、おじゴリズムの夜はふけていきました。

7 私の背中を押したもの

最初は、単なる偶然だろうと思っていました。

「ほうれい線が治る」

自分のスマホ画面にやたらと現れる広告のコピー。スマホやタブレット、パソコンの画面に表示されるそれが、閲覧履歴や検索履歴をベースに広告が打たれるターゲティング広告にもすっかり慣れていましたが、私は、子供の頃からよく笑う性格だったからか、どの写真を見てもほうれい線ははっきりしているものの、それをコンプレックスに感じたことも、治そうと思ったこともなく、一度も「ほうれい線治したい」などと検索したことはありません。なのに、開くたびに「ほうれい線」にまつわる広告があるのはどうしてだろう。もしかして、レンズが勝手に私の顔を認識し、この顔にはこの広告を打つべきだとＡＩが判断したのではないだろうか。

私は、違和感を抱き始めました。

後部座席に座ると、目の前でタブレットが括り付けられ、映像が流れるタクシーが増えました。あれも一種の広告ですが、乗客の容姿によって内容が変わるというのを聞いたことがあります。タブレットが顔を認証し、年齢、性別などを判断。それに見合った広告を流す。ここでもターゲティング広告が打たれています。ただ、これはあくまで広告として掛けられているもの。そのような顔認証が行われていても、問題はないと思いますが、自分の所有するスマホやタブレットで、知らないうちにそのような認証が行われているとしたら。まるで、レンズ越しに誰かに見られているようで、不気味にすら感じてしまいます。

「僕は、受け口を治しませんかっていう広告が出るんですよ」

知人男性の口から飛び出しました。彼も、特にそのことについて検索したことはないそう。言われてみれば「受け口」かもしれませんが、自白されるまで、そんな印象を抱いたことはなく、初めて意識したくらいです。

「正直、傷つきますよね、これって」

そりゃそうです。自分がなんとも思っていなくても、その受け口、治した方がいいですよって。余計なお世話も甚だしい。さらに、不可解な現象が起きます。

夕方のニュース番組で特集される、我が国の最低賃金格差。地域ごとの「時給」を比べています。時給が低いところを取材し、賃金の高い低いが必ずしも幸福度のそれに比例するわけではない、というような着地をして次のコーナーに移り、ふとタブレットに触れた私は、目を疑いました。求人情報の広告が現れ、「時給」の文字が踊っているのです。もちろん、求職・求人サイトを閲覧したり、時給を調べたりしたことはありません。テレビの音声を勝手にキャッチし、それが広告に反映されているのではないだろうか。

なんでも結びつけるのは危険ですが、以前、別の知人がこんな話をしていたのを思い出しました。

「気のせいかもしれないけどさ」と前置きして、彼は言います。

「電話で話したことが、広告に反映されている」ということでした。正直、当時の私は、気にしすぎではないかとしか感じなかったのですが、このタブレット事件を機に、考えが変わりました。

「音声を勝手にキャッチしているってこと？」

「そうでしょ、そう思っているよ」

「もう、何も話せなくなるなぁ」

「情報筒抜けってこういうことなんだね」

内蔵されたアプリによる仕業なのでしょうか。私の違和感は、確信に変わろうとしていました。

ただ、これの何が問題なのか。当時の私はまだうまく言語化できず、ただ、生活を覗かれているという漠然とした嫌悪感でしかありませんでした。

実際に、誰かが見て操作しているわけではなく、このスマホやタブレットは、ご主人様のためを思って一生懸命働いてくれているわけで、猫が動物の死骸を飼い主に渡すように、その愛情がちょっと嚙み合わなかっただけかもしれません。嫌悪感を抱かない人だっているでしょう。

しかし、猫が咥えて持ってきた死骸と同じように捉えることができないのは、これが、私の人生にまで影響を及ぼすのではないか、気づかないうちに、人生がスマホによって先導されてしまうのではないか、そんな危惧が生じたからです。

「パッドに耳あり、スマホに目あり」

広告だけならまだいいでしょう。ニュースを見ても、過去の閲覧履歴が反映されたり、アルゴリズムの海の中を漂っている気がします。このアルゴリズムの鎖から解放されたい。アルゴリズムという足枷を外したい。このままでは、私がアプリになってしまう。この経験が、私の背中を押しました。

7 私の背中を押したもの

8　水琴窟

目が覚めると、小窓から優しい光が溢れていました。ヒノキなのか、2階の寝室は木の匂いに包まれ、鼻の奥を通り抜けていきます。

「たしか朝ごはんは届けてくれると言っていたよな」

チェックイン時のスタッフの言葉を頭の中で呼び戻し、まだ時間があるので、朝の散歩に出ました。すっかり脇の木戸から出ることにも慣れ、「うだつが上がる」という肯定系の慣用句ではなく、否定系のそれであることに可笑しさを感じながら歩く、静かなうだつの町。

「なんだか、夢だったみたいだ」

お寿司屋さんの前を通ると、昨夜の出来事が蘇ってきます。それにしても、2軒目、3軒目の店はどこにあるのか。とても自力ではたどり着けません。本当に実在するのでしょうか。

人気（ひとけ）のない、うだつの町。そういえば、昨晩、おじさん二人は電線がないと言っていましたが、たしかに電線があったら、格子造りの風景の魅力が半減してしまいます。その一方で、よく見かけるものがありました。干し柿のように軒先にぶら下がっている丸いもの。提灯のようですが、和紙ではなさそうです。よく見ると、アルミ缶を細工したようで、３つ連なって、くるくる回転しています。鳥除けなどの役割があるのかもしれませんが、格子戸の家並みにとてもマッチしているので、写真におさめたくなり、カメラのレンズを向けた時です。

「あれ、おかしいな」

フィルムを回すダイヤルの感触に手応えがありません。2、3回転させるとカチッと止まるはずですが、引っ掛かりがなく、ずっとクルクルしています。

「え、嘘でしょ」

まさかと思いながら小窓を覗き込むと、そこには「0」が顔を出しています。もう27枚も撮ってしまったのか。にわかに信じられません。二日目の朝にして終了。一体、何をそんなに撮ったというのでしょう。確認したいけれど、何を撮ったかは、現像に出さなければわかりません。どうにも腑に落ちないまま歩くうだつの町。親指でダイヤルを回し、ギコギコ鳴らしながら国道を渡りました。

「置いてないですね」

いくらアナログ回帰とはいえ、コンビニで手に入るほどまでは回帰していないのでしょう。かつては、雲梯(うんてい)をする子供たちのように、ぶら下がっていたものです。さて、この先の撮影をどうしようか。記録用に持ってきたデジカメでもいいのですが、アナログの風合いがなくなってしまう。この旅の主役も撮っていないのに。どこかで売っていないだろうか。己のペース配分の過ちと向き合いながら部屋に戻り、地図を広げると、扉をノックする音が聞こえました。朝食が届いたようです。

「絶景だ」

木のテーブルの上に並べられた、美濃の朝食膳は、土鍋に入ったご飯と鮭の切り身とお味噌汁と、木製のしゃもじと陶器の急須。まさに日本の朝。蔵の中の小さな絶景を堪能しながら、この後のことを思案していました。

「今日はやっているはず」

昨日休館日だった場所は通常9時からやっているとのこと。蔵を出て徒歩1、2分の距離。居てもせいぜい30分くらいだろう。腹を満たした私は、荷物があると大変なので、チェックアウトを後回しにして向かうことにしました。

「よかった、開いてる」

格子戸で覆われたこの家屋は、旧今井家住宅と呼ばれる、和紙の豪商が住んでいた家。およそ300年も前に建てられたそうですが、この中に、今回の旅の目的がありました。

入場料を払い、沓脱石の上に靴を揃え、座敷に上がります。襖で仕切られた部屋を、足裏で畳の弾力を、鼓膜で軋む音を感じながら進むと、奥に庭が現れました。縁側から木々に囲まれた庭を望み、視線を下ろすとありました。私は、これに会うためにやってきたのです。沓脱石の上に並ぶ共用のゴム製サンダルに足を突っ込むと、奥へ伸びる飛び石に乗って近づきます。

「やっと、会えた」

それは、松の木の根元にありました。大きな岩に囲まれて、ひとつだけ苔むした手水鉢に、鹿威しのような竹筒が斜めに立てかけられています。柄杓が横たわり、下には赤みを帯びた不揃いの玉石が敷き詰められています。

手水鉢に溜まった水を柄杓で流すと、ぴしゃんと音を立てながら、玉石たちが光沢を帯びていきます。そして、聞こえてきました。ちんちんちんと、涼しげな音色。これです。この音を私は聴きに来たのです。これが、旅の目的のひとつ。美濃にやってきた理由。

「この音だ」

それは「水琴窟」と呼ばれる、江戸時代に庭園に設置された音響装置。水の琴。全国各地に点在しています。

水滴が、地中に埋められた甕の中を跳ねて、琴のような音色を響かせています。手を洗った時に流れる水を利用して、音を鳴らそうという発想もさることながら、ネーミングも素晴らしい。水琴窟。これ以上しっくりくる表現があるでしょうか。なのに、鹿威しは有名ですが、この音色はそれほどポピュラーではありません。これまで全く出会ったことがなかったのか、もしかしたら素通りしていた可能性もあります。ここの水琴窟は、日本の音風景百選にも選ばれているようです。

「いい音だ」

さらに奥にも進んでみると、神が祀られています。左右に灯籠があり、ハートのマークが施されていました。また、敷地内には重厚な蔵があり、文化的な資料やうだつが展示されています。この蔵は、十一代・今井兵四郎が35歳の時の明治32年に和紙原料を保管するために木曽福島の木材を吟味して建築したようで、うだつの町の成り立ちや背景が写真とともに解説されています。

江戸時代の初めに造られた城下町。明治末年まで「上有知」と呼ばれていましたが、明治44年には古代から美濃紙の産地であったために、美濃町へ改称。城下町時代の遺構が随所に残り、江戸時代以降の町家、社寺群、用水、旧街道、川湊などと相まって、落ち着いた佇まいを残しています。

「よかったらご説明しましょうか」

蔵を出て、見学を終えようとしていると、館長が声をかけてくれました。時間に余裕があるかどうかで、話す内容量が変わってくるようです。とは言っても、5分程度だろうと思ってお願いすると、彼はスマホをテレビに向け、ブルートゥースで繋がっているのか、手裏剣を放つように画像をすっすっと切り替えながら、滑らかに解説してくれます。なんとなくショートコースのつもりでお願いしましたが、うだつの町の成り立ちをとても丁寧に教えてくれました。

上有知の町は、丘の上に造られたので、地震や暴風には強かったものの、水の便が悪いために火災に対して弱い一面があった。そのため、防火対策のひとつとして、屋根にうだつを上げるようになったが、次第に富の象徴として豪華なうだつが競って上げられるようになったとのこと。現在でも、19棟のうだつを上げている家が見られるが、江戸から明治までのさまざまな形態があり、うだつの発展過程とともに、建築史上貴重なものとされている。

「時代とともに装飾が激しくなったので、素朴なほど古いということです」

旧今井家のうだつは300年ほど前のもので、市内のうだつの中では最も古く、言われた通り、シンプルな形状が窺えます。

「うだつも、デコレーションされたんですね」

まだまだ手裏剣の数はたくさんありそうだったので、ひとまずチェックアウトして、また後で来ることにしました。

「すっかり和紙を気に入ってしまいました」

チェックアウトすると、昨日案内してもらった和紙専門店へ。今日は、数人のスタッフが作業をしています。ひとくちに和紙と言っても種類はいくつもあり、真っ白なものから、ちりの入ったもの、厚さの違いなど、それぞれに異なる感触があり、魅力があります。なんとなく目星をつけていたので、効率よく巡回し、A４サイズの和紙や折り紙、マスキングテープなどをレジに持っていきます。

「こんなに素敵なものだとは知りませんでした」

「視界に入ると、和みますよね」

係の女性の口からサラッと出てきました。そうなのです。書くのもいいですが、ただ眺めているだけでも心が落ち着く不思議。この和紙を眺めながらお酒を飲みたいくらいです。すると別の女性スタッフが照れ臭そうにしながら近づいてきました。

「これ、もしよかったら」

昨日見せてもらった、小さなカレンダーを手にしています。活版印刷のカレンダー。たしか、来年発売のものを現在製作中とのこと。

「実は、刷ってからミスに気づきまして」

1月と2月の和紙が手の平に乗せられています。曜日の部分をアルファベットで略しているのですが、火曜日の「Tu」を「Ts」にしてしまったようで。失敗のうちに入らないような気もしますが、商品にはしないらしく。

「文字が小さいので、印刷してみないと気づかないんです」

活版印刷の大変さが伝わってきます。デジタルで拡大や縮小ができないので、視力検査の一番小さい記号のように小さく、虫眼鏡を当てたくなります。和紙は再生可能とはいえ、捨ててしまうのはもったいないですし、そもそも、和紙を購入する人はむしろこういったハプニングを好意的に受け止めるのでは。そう伝えると、ほっとした表情を見せる彼女。こういうものを前にすると、人間の寛容さが引き出される気がします。和室にいると心が落ち着くのは、和紙のせいもあるかもしれません。そういうものに囲まれた生活をしていたいものです。ぜひ欲しいと伝えると、「Ts」バージョンのカレンダーも袋に入れてくれました。

すっかり和紙に魅了されました。ここに来るまでそれほど関心はなかったのに。そして私は、再度、水琴窟のある旧今井家住宅へ向かいます。中断してしまった残りの説明を聞きに。

9 スマホの波

「えーっと、さっきはどこまでお話ししましたっけね」

そう言いながら、スマホの画像をすっすっとスライドさせる館長。畳の上には大きなリュックと和紙の入った紙袋。紙を漉く職人・澤村正さんの姿が壁に飾られています。この方が牽引する「本美濃紙」は、原料・製法などの厳しい要件を満たしたもので、美濃和紙全体の一割ほど。日に透かした時の風合いが特徴で、京都の迎賓館の障子でも採用されています。15歳で美濃和紙に携わり70年余り。それでも、「まだまだ一年生」とおっしゃっているそう。

「そういえば、ハートマークは見られましたか」

水琴窟の庭を歩くと、神社があり、両脇に建っている灯籠にハートマークが施されていました。パンフレットに載っていたのでなんとなく確認はしていましたが、現代風にデコレーションされているのかと思っていました。

「あれは、ハートマークじゃないんです」

だとしたら、なんのマークなのでしょう。

「あれは、猪目(いのめ)なんです」

イノシシの目と書いて、猪目。イノシシの目を合わせると確かにハートマークですが、そのハートマークにそっくりの「猪目」が至る所にあるようです。

「ここにも、ここにも、ここにも」

手裏剣が何枚も飛んで行きます。言われてみると、確かにありました。箪笥(たんす)の角の金具や、蔵の扉の金属部分。見た目は「ハートマーク」ですが、当時は「ハートマーク」なんて洒落た言い方をしていません。意味の異なるマークの完全一致に感動を禁じ得ませんが、なぜこの「猪目」が至る所にあるのでしょう。

「イノシシというのは、山火事が起きるといち早く察知して逃げ出す習性があり、イノシシのように火に敏感にということから、目のマークが火伏の守り神、縁起物とされ、お城やお寺、神社などの建物に多く標されることになったんです」

実際、この旧今井家住宅でも、灯籠や箪笥をはじめ、柱・開き戸など、33個の猪目があるそう。我々は、ハートマークとして刷り込まれているので、心臓を表したり、胸が弾んでいる時などに使用しがちですが、「猪目」としても、もっと認知されるといいかもしれません。私も実は、サインをする際、名前の端にハートマークをつけていたのですが、もうハートとは言いません。「猪目です」と、猪(イノ)ベーションします。

「じゃぁ、こちらも見てください」

館長に連れられて建物の外に出ると、手裏剣がレーザー光線に変わりました。ハエのように飛び回る赤いポイントが、戸口の上で止まります。

「これ、何だかわかりますか」

かつて犬を飼っている家庭に貼られたプレートのように、四角い鉄板が取り付けられています。鎌が交差しているようにも見えるマーク。近くにある刃物の町と関連があるのでしょうか。

「いいえ、これは、火消しの鳶口(とびぐち)なんです」

昔は水が確保できないので、家を壊して延焼を防ぎました。その際に使用される道具。鳶の嘴(くちばし)に似ていることからそう名付けられていますが、このプレートのある家屋には消防隊が出動することになります。いわば、最古の火災保険。セキュリティー会社のステッカーのようなものでしょう。金閣寺にも同様のプレートがあり、現在でも商標として使用している保険会社もあります。

「では、あちらを見てください」

そう言って、次に彼が指さしたのは、道の反対側の家屋。2階部分に格子状の小さな窓があります。

「あれは、虫籠窓と言いまして」

士農工商の身分制度の厳しい時代。2階に居住することを禁じられた商人の家は、物置としてのみ設けることが許されていましたが、参勤交代や通りすがりの侍を上から見下ろしたら大変なことになります。そこで、この虫籠のような形状の窓であれば、目が合うことなく、安心して物を取りに行くことができたのだそう。

「虫籠窓か……」

私は、かつての身分制度の厳しさもさることながら、普段の生活が、スマホという虫籠の中にいるような気がしました。


「いやぁ、おもしろかった」

すっかり頭も満腹状態。解説してくださったおかげで、当時の人々の考え方や暮らしが伝わって来ました。これも水琴窟のおかげでしょう。

「近くのコンビニですか」

案内所で、使い捨てカメラを買いたいこと、スマホを持っていないこと、今朝寄ったファミリーマートではなく、セブンイレブンが地図上にあるのでそこに問い合わせたい旨を伝えます。すると、案内所の女性スタッフはスマホを手鏡のように顔の前に掲げ、大きく声を発しました。

「近くのセブンイレブン」

スマホの音声認識によるSiri機能で検索。いくつかヒットしたようですが、ここでも使い捨てカメラは置いていない様子。それにしても、旧今井家住宅のスライドショー然り、案内所のSiri然り、スマホのない旅には時折、スマホの波が押し寄せてきます。

「これは、なんだ」

近くの「美濃和紙あかりアート館」という施設に向かう途中、ユニークな壁に遭遇しました。チェックの模様が施された白い壁が伸びています。これは、「なまこ壁」と呼ばれる防火と防水を目的としたもので、平瓦を壁に貼り、目地の部分に漆喰をかまぼこ状に盛って塗り固めた、独特な和の装飾です。うだつもなまこ壁も、機能性を高めながらも町の雰囲気を壊しません。日本人の知恵とデザイン力。

「2階へどうぞ」

毎秋、うだつの町に和紙の灯りが並ぶ「美濃和紙あかりアート展」を館内で再現しているとのこと。階段を上がり暖簾をくぐると、暗がりに沈む優しい灯りの群れに、深海にいるような気分になりました。受賞作を中心に、和紙に透ける灯りの柔らかな風合いを一年中味わうことができます。これらの作品が、夜のうだつの町に並んでいると聞くだけで、幻想的な光景が目に浮かびます。

すっかり美濃、そして和紙に魅了されてしまった私は、お昼過ぎの列車で郡上八幡に向かうつもりでしたが、時間を15時過ぎの列車にしました。もう少しこの町にいたい。道草を食べたい。

そうして向かったのは、案内所から歩いて5分ほどの場所。目の前に現れたそれは、うだつよりも高い位置から町を見守っていました。

「樹齢200年か」

目の前に聳（そび）える大きな楠が緑の葉を蓄えています。家屋に囲まれて、空へと伸びていました。この楠が、200年も人の往来や町の移り変わりを見てきたことになります。そして、依然として冷めない美濃熱が、私にあることを決意させました。

「和紙を作ろう」

和紙とともに歩んだ美濃の町への思い。いよいよ自分でも制御できなくなっています。確か、旧今井家住宅のスタッフが、「和紙の里」に行けば、紙漉き体験ができると言っていました。案内所でSiriの女性スタッフにタクシーの手配をお願いすると、彼女は私の顔をじっと見つめます。

「もしかして、ふかわりょうさん、ですか」

「あ、はい。昨日、東京から来まして」

そのやりとりに反応したのは、後ろのベンチに腰掛ける一人のご婦人。

「えー、そうなんですか。ふかわりょうさん。お一人ですか。やっぱり、テレビと雰囲気が違って落ち着いていらっしゃるんですね」

その方は以前、お母様と一緒に近くのお墓参りにいらしたそうで、そのお母様が昨年他界され、今回は一人でやってきたものの、お墓が見つからず、どうしたらいいものかと途方に暮れていたようです。もう一度、母と一緒に来たかったと、ハンカチを手に話してくれます。

墓碑を探すご婦人と、Ｓｉｒｉの女性スタッフと、大きな楠に見送られ、人生初の紙漉き体験に挑む旅人を乗せたタクシーは「和紙の里」へ向けて出発しました。紙漉き体験をすることになるとは。出発前は全く予定に入れていなかったのに。でも、素敵な寄り道。どんどん道草食べましょう。すると間もなく、私は、目を丸くします。

「こんなに綺麗になるんですね」

昨日までの濁流が嘘のように、そこには澄んだ水の流れ、清流・長良川がありました。

10 和紙ができるまで

深い緑に覆われていました。蛇行する長良川の支流、板取川はとても色が澄んでいて、川幅が狭くなった分、河川敷が瓢箪のように膨らんでいます。

「夏には、キャンプのテントで砂利が見えなくなりますよ」

川沿いを走るタクシー。今回の運転手さんも話し好きのようです。また、この近くには「モネの池」というのがあり、一枚の写真がＳＮＳで拡散され、夏には観光客が押し寄せるのだそう。

「あの杭はなんですか」

河川の中央に、杭が数本立ち、川渦ができています。

「あれは、やなですね」

「あれが、やな……」

と言いながら私は、おそらく運転手に違うものが伝わっている気がしましたが、実際、晩夏から初秋にかけて、やなを使った「落ち鮎」漁が見られるようです。この時期の鮎は川を下って産卵をするため、下流域で見られることが多く、この板取川では落ち鮎専用のやな漁が行われるのだそう。海を目指して下る大量の落ち鮎を、すのこ状の建造物で捕まえます。なので、もしかしたらあの杭は別の仕掛けかもしれません。落ち鮎は、いわゆる子持ちの鮎。通常の鮎に比べると脂身が少ないのも特徴のひとつ。頭の中で落ち鮎を味わっていると、見えてきました。

「あそこかな」

青い空に白い建物が映えています。「和紙の里」というと、茅葺き屋根がひしめき合うイメージをしていましたが、近代的な美術館のような施設で、外観からは和紙の感触はありません。

「紙漉き体験をしたいんですけど」

受付で伝えると、13時の回に参加してくださいとのこと。それまで併設されたレストランで昼食にしました。ここで食事ができることは、Ｓｉｒｉの女性から聞いていました。扉を開けると、無音の店内に男性が二人、置き物のように佇んでいます。小学生や家族と交ざって体験するのだろうか、そんなことを想像しながら啜る山菜うどんは、郷土料理ではないけれど、やはり水が美味しいからか、かなり満足できました。

「じゃぁ、ついてきてくださいね」

所定の場所に行くと、眼鏡をかけた女性が小学生を引率するように、テキパキと準備を進めます。経験豊富だからか、忙しいからか、無駄なく誘導する彼女。どうやらこの時間の参加は私だけのようでしたが、夏休みの子供に対するトーンで接されて、小学生に戻ったようです。

「どのタイプにしましょう」

いくつか種類があるなかで、最もプレーンなタイプの和紙を選びました。和食屋さんのランチョンマットなどで見かけるような、紅葉が浮かんでいる和紙。

「じゃぁ、ちょっと準備してくるので、紅葉選んでおいてね」

と、48歳の小学生を残して退出する女性スタッフ。白いプラスチック容器の中に、乾燥した小ぶりの紅葉の葉が重なり合っています。

1300年続く、美濃和紙。紙漉き体験のパンフレットには、できるまでの工程が描かれています。

美濃和紙の原料は、障子紙や便箋・封筒などに使用される楮（こうぞ）、お札などに使用される三椏（みつまた）、そして、あぶらとり紙や箔紙などに使用される雁皮（がんぴ）などがあります。

まず「剥皮」と言って、木の皮を剥き、白い皮にします。次に「さらし」という作業。原料を水に浸すことによって水に溶けやすい不純物「あく」をのぞき、柔らかくします。昔は「川晒し」と言って、川の流れに数日間浸しておきましたが、最近は作業場に作った水槽で行われることが多いようです。

次は、「煮熟」。繊維だけを取り出すために、晒された楮を炭酸ソーダを入れた大釜で2時間ほど煮ます。そして、原料に残っている黒皮などのちりを流水の中で丹念に取り除く「ちりとり」。屈みながらの手作業なので、とても腰に負担がかかりそうです。

ちりを取り終わった原料を石の板の上に置き、木槌で叩いてほぐす「叩解」。現在は、「ビーター」という機械で行われることが多くなりました。

そしていよいよ、今回体験する「紙漉き」です。和紙を作る工程の中で、最もイメージに浮かぶものではないでしょうか。原料と「ねべし」と呼ばれるトロロアオイの根から抽出した液を漉舟に張った水の中に入れてよく混ぜ合わせ、「すけた」という木製の道具を使って漉舟の中の液をすくい、揺すります。この揺すり方が美濃和紙は独特で、縦と横を交互に揺することによって繊維が強くなるのだとか。

これを終えると、漉きあげた紙に圧力をかけて水分を絞る「圧搾」。一日中、時間をかけながら、徐々に強く搾っていきます。

そして「乾燥」。一枚ずつ剝がした紙を特製の刷毛を使って板に貼り付け、天日で乾かします。天候に左右されてしまうので、今では、中にお湯を入れて循環させる金属製乾燥機に貼り付けて乾かすことが多いです。

出来上がった紙は、一枚一枚、丹念に手に取って検品。紙を光に透かして、破損、傷、ちりなどの不純物があるものを除き、紙の厚みも考慮して入念に選別します。

最後は、選別した紙を特製の包丁で用途にあったサイズに裁断。これで完成と言えるでしょう。大体、原料から紙になるまで10日ほど。また、原木から取れる原料の量は約8％で、しかも紙になるのはその半分と言われるので、100キログラムの楮の原木からできる美濃和紙は、わずか4キログラムほどということになります。

「選んだかなー」

女性スタッフが思いのほか早く部屋に戻ってくると、まだですとも言えず、慌てて3枚の葉を取り出しました。ビニールのエプロンを装着して入った作業場は床がタイルで、お豆腐屋さんのような光景が広がっています。奥には本物の「すけた」がありますが、ここでは実際に使われているものの4分の1のサイズで体験。

「では、始めますね」

とろとろの液体を流し込んでいます。すけたの棒を両手で持ち、とろとろの海に沈め、満遍なく揺らして、捨てる。揺らして捨てるというリズム。捨てるたびに、ぴしゃんと音が響きます。4分の1のサイズはそれほど負担はないですが、実際の大きさだと大変そうです。その後、圧搾したものを乾燥機に貼り付けて水分を飛ばします。これによって時間も短縮されるのですが、剝がす時に破れてしまわないか心配になります。

「もういいかな」

めりめりと繊維が鉄の板から剝がれていくと、一枚の和紙が視界を覆いました。しっかりと紅葉の葉が白い舞台で舞い、風情を醸し出しています。出来立てほやほやの和紙。まだ温かい紙と戯れていると、彼女は棚から箱を取り出し、ステッカーのようなものを指でつまみました。

「こんなのも入れたりするんですよ」

校章のようなマーク。これを和紙の中に入れるそうなのですが、なんと、この地域の小・中学校では、卒業証書を和紙で作るだけでなく、自ら製作するとのこと。なんて素晴らしい経験でしょう。自分の卒業証書を自分で漉いた和紙で作るなんて。大きさもぴったり。本当に一生ものです。

「はい、紙漉き体験、以上になります」

校章ではなく紅葉でしたが、くるくると丸めて手渡されると、私も、卒業証書をいただいた気分になりました。

「体験できてよかった」

先ほどの運転手からもらった紙片を片手にピンクの公衆電話に十円玉を投入しようとしていると、タクシーならこちらで手配します、と受付の女性。私は紙片を渡し、到着を待ちました。

「額に入れて、飾りたいな」

白い建物の前で、丸まった和紙を広げました。３枚の紅葉の葉が和紙を泳いでいます。この見た目から受ける感触と肌触り。もう齧り付いて、食べてしまいたくなります。売店で買ったタタミイワシのような和紙と、卒業証書を抱えて、私はタクシーに乗り込みました。

11 コーヒーの香りに誘われて

「作ってきました」

もはや旅の拠点になっている観光案内所に戻ると、釣った魚を見せつけるように和紙を掲げ報告。ここに来ると安心感すらありました。

時刻は14時を回ったところ。墓碑を探しているご婦人はもういません。すっかり美濃を堪能できたので、これから長良川鉄道に乗って郡上八幡に向かうのですが、梅山駅と美濃市駅の二駅が最寄りで、どちらも歩ける距離にありました。

「美濃市駅が13分、梅山駅が12分です」

グーグルの検索結果を教えてくれるＳｉｒｉの女性。せっかくなので「美濃」の付く駅に向かいました。もともと、長良川鉄道の美濃市駅からこのうだつの町に来るつもりだったこともあり、そこなら多少、お店などもあるかもしれません。駅前でお茶でもしよう。時刻表によると、15時6分の美濃市駅発があるようです。

「営業しているのかな」

和紙の卒業証書を提げて歩いていると、開店の準備をしているお店がありました。昨日も前を通りかかり、気になっていたお店。ちょうど暖簾がかけられました。アルファベットの店名にCOFFEE&CRAFTの文字。ここも古い家屋を利用したカフェでしょう。木製のガラス戸の前で、白い暖簾が誘っています。

「うだつ珈琲かな……」

ここでは「うだつ」が「梲」の漢字一文字で表記されています。テーブル席もあるので、ここで一休みしよう。

「もう、入れますか」

店内を動きまわる女性に声をかけ、ソフトクリームの乗ったコーヒーゼリーと、ホットコーヒーを注文。棚にはスプーンなどの木工品が並んでいますが、元々は別の業種の店舗だったと窺える形跡が随所に見られます。ソフトクリームを乗せたコーヒーゼリーが目の前にやってくると、入れ替わるようにひげを蓄えた男性店員がカウンターに立ち、コーヒーを淹れはじめました。夫婦二人で経営しているのでしょうか。ソフトクリームが舌の上で溶けていきます。

「お待たせしました」

黒く光った表面から立ち上る湯気が、向かいの格子戸を掠めています。やはり、

11 コーヒーの香りに誘われて

旅先で味わうコーヒーは格別です。「うだつの町」でいただく「うだつ珈琲」。ソフトクリームを挟みながらコーヒー&コーヒーゼリーを堪能していると、乾いた車輪の音が鼓膜を擦ります。スケボーに乗った若い男性とデニムジーンズの女性が颯爽と現れ、車輪の音を響かせながら通過したかと思うと、また戻ってきました。音は止み、板を抱えた彼がカウンターの前で腰をかがめます。

「ねぇ、さっきも食べたじゃん」

「いいんだよ、別に」

静かな空気に若者の浮ついた会話が雲のように漂います。店内には大きなテーブルがひとつ。私はリュックなどを脇に寄せ、格子戸前の男女を見つめていました。二人の手にキャロットシャーベットのようなカップが渡ると、なんとなく気を遣わせたくなかったので、一旦席を外し、お手洗いへ。奥に案内してくれた女性によると、ここは宿泊もやっていて、ゲストハウスになっているようです。古民家を改装したのでしょう。歴史的な建造物でなくても、時の流れが香っています。店の方から賑やかな声が聞こえてきました。

席に戻った私を見る目が変わっています。店員さんも若者もそれぞれに、誰かに似ているな、もしかして本人かなという思いがあったようで、私が席を外している間に答え合わせをしたらしく、「やっぱり、そうですよね」と、お互いの確信につながった目でした。

「やっぱりなぁ。似ていると思ったんですよ」

「まじ、すごくない」

「おひとりでいらしているんですか」

ロケや取材などでやってくる人はいるそうですが、完全にプライベートでやってくるケースは珍しいようです。若者二人も地元の方のようで、とても静かでいいですね、でも土日はそうもいかないですよね、と私が投げかけると、美濃はいつもこんなもんすよと、微笑む彼。続けて、夜ここで遊んでいるといつも警察に追いかけられると嘆いていました。スケボーの車輪の音がうだつの町に響き渡るのでしょう。お店の方は岐阜市内からやってきたご夫婦で、この場所が気に入ってお店を開いたのだとか。

「え、もう、そんな時間ですか」

発車時刻の15分前。白い暖簾の下で道草を食べ過ぎました。

「ここから美濃市駅まで10分くらいですか」

今出ればギリギリ間に合います。しかし、慣れている道ならまだしも、見知らぬ街ではちょっと心配です。

「よかったら、送りましょうか」

車ならすぐだからと、店主が送ってくれることになりました。

「ほんと、すみません」

「いえいえ、よくあることですから」

きっと、これは私がタレントだからではないでしょう。

「でも、どうして美濃にしたんですか」

店の女性に訊ねられ、私は、水琴窟を見に来たと伝えます。車がやってくると、三人に見送られ、私はうだつの町をあとにしました。

「ほんと、助かりました」

すると、物静かだった店主が口を開きます。

「いいですね、スマホなしの旅」

「え、そう思いますか」

「はい、なんか、わかります。僕も時々、そんな気分になりますもん」

車は、美濃市駅の前に到着。周囲は民家しかなさそうです。予想と違いますが、これはこれで理想的。荷物を抱えて降りると、車は駅舎の前をぐるっと回り、うだつの町へと戻っていきました。窓越しに、お互いの会釈が重なります。静かな午後の時間が流れていました。

11

コーヒーの香りに誘われて

12 水とおどりの町

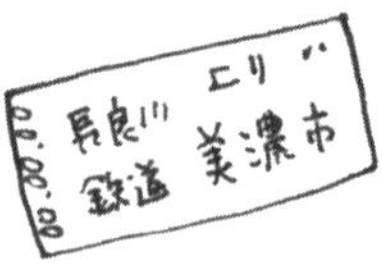

「こんな雰囲気だったのか」

丸い郵便ポストと、電話ボックスが入り口に佇んでいます。のどかな長良川鉄道とはいえ、美濃市駅はもう少し、近代的な駅舎かと思っていましたが、いい意味で裏切られました。

さて、いよいよ長良川鉄道に乗る時がやってきました。古びたポスターと、水色やオレンジ色の椅子に囲まれる構内。切符を購入したら、トンネルを抜けて階段を上がると、こぢんまりしたホームが現れます。駅名を記した看板こそ新しいですが、屋根は線路と同じ色をしていて、小さな待合室もありました。右側は美濃太田方面、左側が郡上八幡方面。線路のすぐそばまで木々が覆い、単線のレールが山に向かって伸びています。置き去りになった車両越しの光景を眺めていると、電車がやってくる音。振り向けば一両編成。車両自体は新しいのか、陽光を反射し、「長良川鉄道」という丸いプレートを掲げています。

扉付近で舌を出している整理券を取ってリュックを下ろし、青色のシートに座ると、目の前の車窓がスクリーンになり、整理券がチケットの半券になり、映画館にいるよう。平日なので、下校中の学生の姿も見られます。ここから郡上八幡駅まで14駅。終点は北濃駅。山の中を走ったり、突然、川が現れたり。深緑色をした山に囲まれて広がる田畑を水色の川が流れ、線路脇には彼岸花が浮かんでいます。しばらくの間、ぼーっと長良川シネマを眺めていました。

長良川鉄道はかつて「越美南線」と呼ばれたそうで、機関車が煙を立ち上らせて走っていました。その後、「第3セクターになり、駅の数も増えたのだ」と、和紙の里の帰りのタクシーで運転手さんが話してくれました。観光客にとっては、まさに旅情を誘うシンボルでもありますが、経営を維持するとなると、とても大変でしょう。発展しすぎるとノスタルジーが薄まる可能性もあるので、観光客の期待に応えながら、廃線にならずに残っていることはある意味奇跡かもしれません。

それから数駅ほどでユニークな駅がありました。みなみ子宝温泉駅。名前に温泉がついているので、近くに温泉があるのだとは思っていましたが、それは予想以上に「温泉駅」でした。というのも、もう、目の前が脱衣所といってもいいくらい、隣接、いや直結しているのです。ホームからそのまま入浴施設に入る感じ。電車に乗り込む人は皆、体が熱っているのではないでしょうか。

長良川の清流と深い緑を堪能し、郡上八幡駅に到着した頃、太陽が山の稜線から光を注いでいました。ホームには木造のベンチが並び、屋根には、「郡上おどり」と書かれた提灯が、物干し竿の雨の雫のようにぶら下がっています。この駅は複線になっていて、高架の階段を上って下りて、改札に出ます。格子窓が並ぶ木造の駅舎を出ると、ドーンと山が立ちはだかり、目の前を横切る道路。ここからタクシーでホテルに向かう予定ですが、待機車両が見られません。

手配してもらおうと、駅舎に併設されたカフェ兼案内所に入ると、「わぁ、美味しそう」という女性たちの声。彼女たちのテーブルには、コーヒーとお団子とエクレアらしきスイーツセットがトレイで運ばれていました。

「すみません、タクシーで郡上八幡ホテルに向かいたいのですが」

案内所の女性に伝えると、格子越しにワゴン車が入ってくるのが見えました。側面には、ホテル郡上八幡の文字。もしかしたら送迎バスかもしれません。

「あれって、送迎バスですか」

受話器を手にした彼女が頷きます。タクシーを呼ぶ必要がなくなりました。扉を開けて待つワゴンの運転手に名前を伝えて乗り込むと、後部シートにリュックと腰を下ろします。

「気づいてよかった」

それにしても、美味しそうでした。スイーツセットが頭から離れません。エクレアみたいな茶色は何だったのだろう。駅舎が遠ざかり、山沿いの道を走ります。わりと交通量が多い印象。そうして10分経つか経たないかで到着した、ホテル郡上八幡。今日はここに泊まります。チェックインを済ませ、浴衣に着替えた私は、すぐさま部屋を出ました。

「最高だ……」

露天風呂から長良川の流れを間近に望め、山が迫っています。最高のロケーション。子宝温泉の誘惑に耐えた甲斐がありました。

「あそこを通るのか」

緑の中を赤い列車が通り抜けます。長良川鉄道の車窓からも露天風呂が見えるのかもしれません。

熱った体を浴衣でつつみ、冷蔵庫に放り込んでおいた「百春」を取り出し、窓際の小さなガラステーブルの上でお猪口に注ぐ広縁。脚を伸ばし、クッションに身を沈ませ、徐々に稜線がぼやけてゆく黄昏。今夜は旅館の夕食が待っています。昨晩のような偶然の出会いは期待できませんが、舌鼓は打てるでしょう。一合の空き瓶を残し、浴衣のまま部屋を後にしました。

「こちらへどうぞ」

畳の上を郡上おどりの独特な節が漂っています。大広間を贅沢に使って、テーブルが置かれていました。今夜のプレイリストは、お刺身の4種盛りに鮎の塩焼き、飛騨牛、朴葉味噌。焼酎の水割りをお供にいただく郡上会席。鮎は、昨日、美濃観光ヤナで食べたそれよりも少し小ぶりな気がします。そういえば、売店に「ウルカ」という珍味がありました。

「お料理、とても美味しいです。ウルカって、なんですか」

着物を着た仲居さんに尋ねました。

「匂いが強いので、私は苦手なんですが」

と前置きして教えてくれました。鮎の内臓を用いた塩辛のようなもの。さらに、鮎のことを訊ねてみると、鮎漁の方法も色々あるそうです。

浅瀬に網を投げ入れ、石を投げたりして魚を追い込む「ていな」。2隻の船でこんこん音を鳴らしながら近づいて獲る方法。また、ウェットスーツを着て川に潜り、寝ている鮎に針を引っ掛けて釣る、鮎に傷がつきにくい獲り方。

ちなみに刺身で出す場合は、真水で戻した状態で一日ほどならしてから締めるとのこと。イワナやニジマスが蝶々やバッタなどを食べるのでお腹を取らないといけないのに対し、苔しか食べない鮎は内臓も食べられるとのこと。仲居さん曰く、獲ったすぐの鮎はスイカの匂いがするそうです。

ユニークなのは、「おとり鮎」でしょうか。縄張り争いが激しい習性を活かし、縄張りに入ってきた「おとり」を追いかけている間に、尻尾につけた錨に引っ掛かる仕組み。おとりが上手に動いてくれないと鮎も追いかけてこないので、これも腕が要ります。おとり鮎は、鼻に「鼻冠」と呼ばれる輪っかをつけて泳がせるそうで、大体4匹で千円。上手い人は1匹で何十匹も獲るのだとか。鮎の大きさを競うコンテストもあるそうです。

「郡上おどりって、朝まで踊るって聞いたんですけど」

お寿司屋さんや、はっちゃんの店でも確認しましたが、まだ信じていない自分がいました。本当に朝までなのでしょうか。

「そうです。朝までです」

即座に返ってきました。

「地元の人はだいぶ遅くに参加します。毎晩、場所を変えて踊ります」

そして、気になる白鳥おどりに関しても。

「とても速いですね。つんのめったりしますので」

やはり、白鳥おどりはテンポが速いのは間違いなさそうですが、地域でこんなにも違うのは興味深い現象です。郡上おどりの音をＢＧＭにして伺う仲居さんの話はとても臨場感がありました。

「あれ、繋がらない」

部屋に戻り、外線電話を使用しようとすると、うまく繋がりません。よかったらフロントの電話をご使用くださいと内線で言われ、浴衣を靡(なび)かせながらスリッパをペタペタ鳴らしてロビーを横切ります。かつては「０」発信なんてありましたが、今は皆スマホを持っているので、部屋に電話はあっても、外線機能は廃れてしまったのでしょうか。カウンターの上に男性スタッフの顔が浮かんでいました。

「すみません、スマホを持たずに旅をしていまして」

すると、立ち上がった彼は間髪を容れず言います。

「いいですね！」

あまりの大きな反応になぜそう思うのか訊ねると、彼の口から思いもよらぬ言葉が飛び出します。

「だって、糸の切れた凧じゃないですか」

はっきりとそう言いました。

「糸の切れた凧」という表現からイメージされるのは、「自由さ」や「操縦不可」「手に負えない」など、いくつかの印象があると思います。潜在的かもしれませんが、彼の中に、スマホに縛られている印象があったからこそ反射的に出てきたのではないでしょうか。

「糸の切れた凧か……」

その言葉を反芻しながら浸かる、今日、二度目の露天風呂。どこかで手放したいと思っているけれど、生活する上では手放すことができない。薄々感じているのでしょう。私自身も、この旅の間はスマホなしで過ごせていても、日常に戻ったら手放すつもりはないですし。どこかで、鎖に繋がれた状態から解放されるような。リードを外され、自由に走り回る犬。しかし、ご飯となると、飼い主のところに戻らなければならない。スマホがリードだとしたら、飼い主は誰なのでしょう。あの間髪を容れずに飛び出た言葉を聞けただけでも実りのある旅だと実感し、二日目の夜は更けていきました。

「雨か……」

露天風呂に雨が模様を作っています。タオルを頭に乗せて小雨に濡れる山を眺める郡上八幡の朝。緑に湧き立つ湯気のような白い霧を見ていると、美濃観光ヤナの女性に言われたことを思い出しました。郡上八幡の駅でも見当たらず、城下町に行けばあるのでしょうか。今日のお昼は「ケイちゃん」を食べよう。

「スマホなしの旅、楽しんでくださいね」

朝食を済ませ、チェックアウトの10時を待たずにホテルを出た私を、一台のタクシーが待っていました。

「じゃぁ、お願いします」

郡上八幡といえば、郡上八幡城。城下町。見所が集中していますが、その前に行きたいところがありました。目的地を伝えると、車は大通りを横切り、派手なピンク色のホテル脇の林道に侵入します。今にも鹿などが出てきそうな沢が続く砂利道。まるで自然の臓器の中のような、大木がなぎ倒された林を縫うように走ります。

「こんな山道なんですね」

寡黙な運転手でした。こちらから話しかけると大抵倍以上の答えが返ってきたのですが、とてもか細い声。しかも透明のシートと走行音に遮られ、ほとんど聞こえません。運転手さんにも色々なタイプがいて当然ですが、今まで乗ったタクシーが皆お話好きな方だったので意外でした。そうしてグングン登ってたどり着いた道の終わりには、小さな集落がありました。山に囲まれて茅葺き屋根が並んでいます。

「金田一耕助」が現場にたどり着いたような世界観。ここも、音を聞きにきたのです。でも、水琴窟ではありません。雨はやみ、青空が覗いていました。

12

水とおどりの町

13　サイダーの味は郡上の味

タクシーが転回する音を立てて去っていくと、なんとも心細くなりました。梢から大きな鷲に睨まれていそうな気配。

「すごい山奥にあるんだ……」

異次元空間にポツンと一人、取り残されたようです。入場料を払い、荷物を預けた私は、湿った土を踏みしめて鬱蒼とした山の中へと進みます。

2億数千年前の生物の化石で、この地がかつて海底であったことを証明する大きな石が、無造作に置かれています。トロッコのようなケーブルカーに乗って上昇した先には誰もおらず、自ら扉を開閉して降りると、暗闇に続く穴の脇に、横長の大きな看板が掲げられていました。

「本洞は、古生代の石灰岩中に生じた断層が地下水によって溶解、拡大されてできたものである」

こんな一文から始まる、お経のような筆文字。古生代は今から5億7500万年前から2億7500万年前までの期間を指します。

「東西270メートル、南北40メートル、高度差100メートルの範囲で八層にわたり生成している。現在までの調査でも既に1000メートルを超える通路、広間が知られており、さらに上部に延長が期待されるので、当地域最大級の鍾乳洞であることは間違いない」

洞窟の生成された時期に関しては、

「他の証拠によって、数十万年を超えることはない」とし、また、

「この付近一帯には数十の洞窟があり、その中からナウマン象、ヘラジカ、大角鹿をはじめとする現在絶滅した動物の化石が大量に発見され、当地域が数万年前、現在よりも寒冷な高原であったことが予想されている」

と締めくくっています。

この穴の奥にあるのは、「大滝鍾乳洞」という大きな鍾乳洞。タクシーの運転手も小声で言っていました。

「この山は石灰岩だから、穴ぼこだらけやからね」

平日の朝9時。周りは誰もいません。ある程度涼しいだろうと思っていましたが、木材で囲われた穴に入ると、やはりひんやりした空気が待っていました。足場は濡

れ、どこから聞こえてくるのか、洞内に響く滝のような轟音が、鍾乳洞のイメージにある、ポタポタという音を掻き消しています。

「すごいことになっているな」

鍾乳洞。それは、自然と時間のコラボレーション。3億年の歴史が息づく神秘の白色。

「確かに、洞窟珊瑚だ」

入り口の看板にあった表現に納得します。起伏に富んだ鉄の階段や手摺りを頼りに進む鍾乳洞。氷柱のようにぶら下がっていたり、溶けたチーズのようにへばりついていたり、無数の鍾乳石は1センチ伸びるのに100年かかるのだとか。

それぞれの鍾乳石に名前もつけられています。マンモスの牙のような「白筆」、天井からぶら下がっている「天上界」、下から筍のように生えている「天昇牙」。この鍾乳洞の特徴である水分の多いことが鍾乳石の発達に好都合なようで、泥が洗い流され、白く透明度の高い鍾乳石を形成するのだそう。触れてはいけないのですが、滴り落ちる雫を手のひらで受けていると、ふと、案内板が目に留まりました。

「洞内で停電した時は、その位置でしばらくお待ち下さい」

足がすくみます。ケーブルが濡れた岩を這い、蛍光灯が進路を照らしているのですが、万が一、停電になったら。真っ暗な鍾乳洞で一人。想像しただけで失禁してしまいそうです。これだけポタポタしていたら、いつ、どこで電気がショートしてもおかしくありません。そんな不安をお供に進む鍾乳洞。いけどもいけども鍾乳洞。

奥多摩の日原鍾乳洞や富士五湖の富岳風穴には訪れたことがありましたが、なにせ、後にも先にも人はおらず、たった一人で探索というのはなかなかスリリングです。係員もいません。ここで閉じ込められたらどうしよう。そんな不安を煽るように近づく轟音。神経を研ぎ澄ませて進む私を待っていたのは、おもわず叫び声をあげてしまうほど恐ろしいものでした。

「もう、やめてくれよー」

壁面に大きな仏像が彫られています。なんでも、台湾のとある彫刻家がこの鍾乳洞と滝に感動したようで、5ヶ月も費やして彫ったようです。そんなことも知らずに進んだ者からしたら、驚かずにはいられません。今にも目が動き出しそうな表情。その左で水が止めどなく滝壺に流れ落ちています。この音がずっと聞こえていたのでしょうか。鍾乳洞の中の滝。大滝鍾乳洞の「大滝」はこのことなのでしょう。

地底の滝では日本一の規模を誇るこの滝の落差は約30メートル。

「その水源はまだ探検されていないが、約4キロメートルさかのぼっていると思われ、滝の位置は、地表より60メートル下にある」のだそう。

そして彫像の脇の岩盤には、私の胸の高さあたりの窪みから水がちょろちょろと流れています。

「飲んでいいのかな」

「御神水」と書かれています。鍾乳洞内の石灰岩から湧いて出た水で、特にカルシウムやミネラルの成分が多く、「不老長寿の水」と言われているそう。まさに、神秘の地下水。飲んでOKとは書いていませんが、もしダメなら飲まないでくださいと書かれているはず。私は両手を差し出しました。透明な冷たい水が手のひらで溜まると、口を近づけ、吸い込みます。

「美味しい……」

濁りも臭みもない、クリアな水。しかし不老長寿だからとあまり欲張ったらきっといいことないでしょう。彫像に背を向けたまま両手で掬って、湧き出る水を体の中に染み込ませました。

「ほんと、びっくりした」

給水所を抜け、狭い鉄の階段を上って進路に従います。岩の間に溜まった水に雫が落ちては、ぴちゃんぴちゃんと鍾乳洞らしい音を響かせています。この音をもっと味わうつもりでしたが、もう、それどころではありません。そうしてどれくらい歩いたでしょう。やっと薄明かりが見えてきました。扉を開けると、木々の生い茂る山の中腹にいます。

「こんな所に出るのか……」

眼下にケーブルカーが見えます。外から見れば普通の山ですが、この中にあんな悠久の世界が広がっているとは。自然の造形物。水が作った芸術。しかしながら、湿った世界はどこか、生命の中にいるような感覚になりました。

坂を下り、出発地点に戻ってくると、預けていた荷物を受け取り、土産物の売店に立ち寄ります。入り口にいた男性係員もやってきたので、話を伺いました。

「昔、この地域で畑仕事をしている人たちにとっては、時折涼しい風が吹くなぁくらいだったそうで」

そしてある時、調査してみようということで掘削してみると、そこには鍾乳洞があったのだとか。まるで昔話にでもなりそうなストーリー。地元の人たちはさぞ驚いたことでしょう。実際、この辺りは鍾乳洞が多く、中には蛍光灯もなく、懐中電灯で照らしながら見学する場所もあるとか。そして、あの滝に関しては。

「地底湖があるらしいです。まだ、解明されていないのですが」

「地底湖ですか」

思わず口にしました。ロマンがあります。ただ、調査にはコストもかかるでしょうし、簡単には解明できないでしょうが、わからないままでもいい気がします。

「これ、地元のですか」

瓶のサイダーが目に入りました。ラベルには、下駄を履いた女性が郡上おどりを踊りながらサイダーを手にしています。

「これも、安久田の水なので、とても美味しいですよ」

安久田とは、この地域の名称。あの地下水ではないでしょうが、どんな味がするのでしょう。ベンチに腰をおろし、タクシーの到着を待ちます。後ろの大きな石碑には、発見の日時を昭和44年7月13日、開洞を昭和45年7月11日と記されています。私が生まれる少し前ということになります。そうして、瓶の口から溢れる郡上八幡サイダーが、48年の鍾乳洞を通過して行きました。

「めちゃくちゃ美味しいです」

もしかすると、今まで飲んだサイダーの中で一番ではないかというくらい、爽快なサイダーでした。空き瓶がプラスチックケースにぼとんと落ちる音が山にこだまします。タクシーの姿が見えました。

それにしても、明日は筋肉痛になりそうです。石の階段を上ったり下りたり、足場も細かい起伏に富んでいるので、体幹が鍛えられ、毎日この鍾乳洞を歩いたら、かなり健康的な体になりそうです。鍾乳洞ダイエット。しかも毎日、不老長寿の水を飲んで。

「いやぁ、すごかったです、ここの鍾乳洞」

声の小さな運転手でした。

「この山は石灰岩だから、穴ぼこだらけやからね」

14 ケイちゃんを求めて

声の小さな運転手がハンドルを動かして山を下りていくと、次第に雲が広がり、ワイパーが作動しはじめました。派手なホテルの角を曲がり、臓器から排泄されるように大通りに出ます。

「ここから城下町って近いですか」

「えぇ、近いですよ、あそこに見えます」

山の上にお城が浮かんでいます。ここから眺めると小さく見えますが、実際、間近だと迫力あるのでしょうか。車は、郡上八幡の城下町の端に位置するお寺の裏手に停まりました。

「はい、この奥にありますよ」

係の女性の柔らかな声が返ってきます。脱いだ靴を棚に入れ、案内通りに進むと、まるで別世界。畳敷の向こうに、緑と青の濃淡で彩られた庭園が広がっていました。

碧色の池と苔むしたほとり。自然との調和が、屋内とは思えぬ解放感と一体感を与えてくれます。他に人がいないから、より強く感じられる贅沢。大根のような鯉たちが水面を揺らしていますが、ただ、この素晴らしい庭園も目的ではありません。

「あれかな」

庭園の端にありました。「水琴窟」という札が立てられ、イラストで仕組みが解説されています。しかし、柄杓がありません。どうやって水を垂らすのでしょう。直接手で掬うには距離があり、参拝者が水を流すことはできないのでしょうか。こんな近くにあるのに、どうすることもできません。あの音が聞けないなんて。

「そういったタイプの水琴窟ではございません」

柄杓で水を垂らすタイプではない。となるとやはり、音は聞けないのかと落胆していると、係の女性は柔らかな声で諭すように言います。

「耳を澄ますと聞こえてくるはずですよ」

耳を澄ますと聞こえてくる。それは、仏法の解釈的なことでしょうか。柄杓で垂らさなくても、湧き水が流れる仕組みになっている。半信半疑ではありながら、再び水琴窟の前で屈み、顔を地面に近づけます。手水鉢の下の砂利に耳を寄せました。するると。

「ほんとだ、聞こえる」

確かに響いていました。静かに、琴のような音色が地中で弾んでいました。まさに水琴窟の音色。さっきも響いていたのに、柄杓で垂らさないと鳴らないと決めつけていた自分が恥ずかしくなります。

「世の中には、見えているのに見えていない。聞こえているのに、聞こえていないものがありますね」

靴を履きながら受ける、下駄箱説法。お寺を出ると、霧のような雨が空気を湿らせていました。木造の格子戸が現れ、徐々に城下町らしい彩りに変わります。水路に沿って灯籠が並ぶ、水の町。江戸時代に防火と生活用水の目的で整備された水路が町のいたるところで安らぎの風景を作り出しています。さらに、趣のある空間に遭遇しました。

簾を下ろした民家のそばで、水路と歩道が伸びています。いがわ小径。鯉がたゆたい、灯籠が並ぶこの小径は、向こうから和傘をさした着物の女性が歩いて来そう。地元の人たちは、洗濯物の濯ぎなど、今でも生活の一部として利用しているようです。人と水が共存する風景に心が和む、路地の石。それにしても、「小径」というのがいいですね。「道」でなく、「径」。

この地では、古くから生活に利用する小河川・用水路などのことを「いがわ」と呼ぶそうで、他に、「やなか水のこみち」というのもあります。

「降ってきたな」

大きく広げる鯉の口にぽとぽとと餌を落としていると、ぽつぽつと水滴が頭に落ちてきました。小さな粒が大粒となり、水面一帯に波紋を作り始めます。フードを被って「小径」の端にあるバスの停留所のような屋根の下に一時退避。遠足の時には欠かさなかった折りたたみ傘やカッパなどの雨具を持っていないので、雨宿りをすることになりました。

「長引きそうだ」

水路と、滝のように流れる水と、大雨と。大量の水に包囲され、一歩も動けなくなります。意外と長引きそうな気配。たまには「雨宿り」もいいものです。というか、ものすごく久しぶりな気がします。雨音なのか、滝の音なのか、鳴り止まない水のオーケストラ。さすが、水と踊りの城下町、郡上八幡。水量の豊富さを実感します。そうして20分くらいは待っていたでしょうか。演奏会が終わると、再び小径を戻り、城下町の中心地、旧庁舎記念館前に出ました。脇には郡上おどり発祥の碑もありますが、私の心が動いたのは別のモニュメントでした。

「これだ」

建物の入り口で目が止まります。そこには「ケイちゃん」の食品サンプルがありました。遂に見つけました。サンプルからは、肉味噌炒めのように見えますが、館内の食堂で「ケイちゃん」とお蕎麦のセットがいただけるようです。

「これが、ケイちゃんか……」

私は飛び込めずにいました。というのも、ガイドマップには、郡上の水を使った美味しそうなお蕎麦屋さんと、ケイちゃんが食べられるお店も掲載されています。専門店の方がきっと美味しいに違いない。地元の人と話をするなら、個人経営のお店の方がいい。

「よし、はしごしよう」

ショーケースの誘惑を振り払い、旧庁舎を過ぎると橋が架かっています。吉田川を跨ぐ新橋から、大きな岩の間を流れる川に沿って建物が並び、遠くに橋が見えます。さらにその奥に、靄がかった山が聳え、なだらかな稜線が走っています。橋を渡って左手に歩くと、そのお店はありました。

「いらっしゃいませ」

蕎麦処「俄(にわか)」。江戸末期から続く伝統文化の「にわか」からきているのでしょう。美濃の紙商人による「落ち」のついた寸劇を催す風習。旧今井家住宅でも資料が展示されていました。カウンターに座ると、目の前にお酒が並んでいます。昼間からお蕎麦屋さんで一杯というのはとても贅沢。ぶっかけおろし蕎麦、とろろたまご冷やし蕎麦、郡上あまご蕎麦。美味しそうなフレーズが食欲を刺激しますが、ケイちゃんが待っているので、シンプルにもり蕎麦と焼酎の水割りを注文。本来ランチではお酒を提供していないようなのですが、特別に出してくださいました。

「郡上の大地でとれた蕎麦の実と、郡上の酒造で使われとる仕込み水で打った蕎麦。打ちたての蕎麦を味わっとくれ」

どんなお蕎麦が登場するのかと期待に胸を膨らませていると、やってきました。せいろに乗って、こんもりきらきらと、宝石のように輝くもり蕎麦が。平打ちでしょうか。見てください、この透明感。とてもみずみずしく、光沢があり、これは間違いありません。箸の先で摘んだ麺をつゆに浸して口に流し込むと、ひんやりした感触が唇を刺激。そして、口の中に広がりました。

「う、うまい」

これが郡上のお蕎麦か。旧庁舎の食堂もきっとそれなりに美味しかったでしょうが、おそらくこのクオリティーにまで到達するのは難しいでしょう。本来なら、もう一枚追加してしまいたいくらいですが、2軒目が待っているので、胃袋に余白を残し、店を後にしました。感動の美味しさ。旅のアドバンテージがあるにしても、やはり、「水」でしょう。サイダーも、お蕎麦も、水の美味しさが十分に発揮されています。

「さぁ、次はケイちゃんだ」

昔ながらの建物が並ぶ新町通りは、商店街というより横丁といった方が合うかもしれません。郡上の特産品や土産物、年季の入った喫茶店などが目に入ります。そして左に曲がると見えて来ました。みそかつ、ハンバーグの看板。きっと、あれがそうでしょう。

「いらっしゃいませ」

そこは「キッチンなお」というお店。奥にカウンターがあって、昭和の香りが漂う洋食屋さん。

「ケイちゃんだけでもいいですか」

席に着くなり注文しました。男性が一人と、別のテーブルには二人の中年男性が向かい合って談笑しています。ちょうど昼休みでしょうか。

「鶏ちゃんだ……」

黄土色の壁には「鶏ちゃん定食　¥1，350―」という貼り紙。ケイちゃんのケイは「鶏」になっています。店内は、テレビ中継しているテニスの試合の音が流れていました。

「はい、お待たせしました」

厨房からカウンター越しに渡された店の主人がテーブルの上に届けてくれました。千切りキャベツのベッドの上でトマトときゅうりのスライスが横たわり、タレに塗れたキャベツと不揃いの鶏肉が、テカテカと照り輝いています。

「味が濃いので野菜も一緒に」

鶏肉味噌炒めというようなものでしょうか。さぁ、初めての「ケイちゃん」です。

「あー、この味！」

どこかで味わったことのあるような、ピリ辛味。ビールのお供にピッタリというやつでしょう。普段、ビールを飲まない私でも、ビールが欲しくなりました。ご飯も何杯でもいけそうです。これは、郡上が発祥なのでしょうか。

「本場は下呂の萩原ってところ。そこに乗っかって、みんな同じ名前にしたんや」

ご主人が答えてくれます。

「ケイちゃんのケイは鶏ですか」

「とんちゃんっていうのは」

「お店によっても、味が違うんですか」

「郡上おどりの時は、人すごいですか」

この地方で家庭料理としてあったものが、下呂の方で呼ばれていた「ケイちゃん」という名前で統一されたそう。なので、お店によって味付けにばらつきがあり、鶏肉のところもあれば、豚肉のそれもあるそうです。

「ケイちゃんのケイって、鶏のカスやで」

地元男性客の爪楊枝を挟んだ唇から飛び出しました。余った鶏肉を使った料理というものだったのかもしれませんが、今は、スタンダードな部位が使用されているようです。発端はそういうことでしょう。

「実際、うちも10年前にメニューに入れたんです」

お客さんに、有名だから入れた方がいいと提案されたのがきっかけ。家庭料理として当たり前にあったものだから、あえてメニューにするまでもなかったのでしょう。目当てにする観光客は多そうですが、ご夫妻にはちょっとしたこだわりがありました。

「うちは、鉄板で出していないんです」

ご主人から奥様に引き継がれます。

「鉄板で一緒に炒めちゃうと、キャベツの水分がすごいから、鶏肉がしんなりしちゃうんですよ」

それで、フライパンでまず肉を焼いてから、キャベツを炒めるそうです。

「いかにも鉄板だと美味しそうに見えるんや、でも、肉がパリッとしない」

「お客さんの中には鉄板じゃないとって、確認だけして出てしまう人もいます」

確かに鉄板に乗っている料理は見た目もどこか美味しそうですが、キッチンなおのこだわりのケイちゃんはとにかく最高でした。こういった違いもあるので、食べ比べるのも楽しいでしょう。尚、豚肉を使用する場合は「とんちゃん」と呼ばれることもあるそうです。

「さっき鍾乳洞行ってきたんですよ」

「小さい頃行ったね」

そう言って顔を見合わせる夫婦。ちなみに、このお店はどれくらいされているのでしょう。

「息子と同い年だから、もう、48年やね」

「48年。僕も同い年です」

「そうなんですかぁ。まぁ、あと2年くらいで閉じようかなと思っているんですけどね」

女子テニスプレイヤーの金色の髪が揺れていました。

14

ケイちゃんを求めて

15　城より団子

「いやぁ、美味しかった」

ピリ辛だったからか、ちょっと甘いものが食べたくなりました。こうなったら、3軒目に行きましょう。

「今夜逢いませう　宮ヶ瀬橋で　月の出るころ　のほるころ」

昭和6年に郡上八幡を訪れた詩人、野口雨情の歌。郡上ぶしのひとつ、「かわさき」でよく唄われています。ここで月を望めたらどんなに素敵だろうと、宮ヶ瀬橋を渡りながら。

雨に濡れる水の町、郡上。格子の木戸の家屋が並び、軒下にぶら下がる風鈴や提灯に、カランコロンと下駄を鳴らす音も聞こえてきそうです。杉玉、満月、下駄の音。一句詠みたくなります。雲が低く、どこか幻想的な雨の城下町。この通りは職人の町へと続きます。うだつ珈琲のご主人がおっしゃっていましたが、街全体の規模も大きく、半日で巡るのは難しいかもしれません。

しおれたガイドマップを片手に石畳の細い坂道を下りると、橋の麓に、清らかな泉がありました。「宗祇水（そうぎすい）」と呼ばれる、日本の名水百選のひとつ。その脇の小道を進むと、ここでも暖簾が私を呼んでいます。

「抹茶セットで」

窓に簾のかかった畳の部屋。お皿の上で涼しげな水まんじゅうをきなこパウダーが囲む、甘味惑星。お抹茶処・宗祇庵。郡上おどりを踊る女性が模されたパフェもあるようです。植え込みの先には赤い橋が見えますが、下を流れるのはなんという川でしょう。

「目の前の川は、小駄良川と言います」

店の女性が教えてくれました。夏は、たくさんの花火が川に投げ込まれるのだそう。川を彩る水中花火。一体どんな花が咲くのでしょう。

「ここから飛び込むのだろうか」

橋の上から水面を見つめます。遠くに、川に浸かって鮎釣りをしている姿が見えます。夏には、子供たちが橋や岩から飛び込み、鮎を追う。日本の原風景がまだここには残っているようです。

「焼け原の　町のもなかを行く水の　せせらぎ澄みて　秋近つけり」

古典学者、民俗学者の折口信夫の歌碑がありました。大正8年8月に柳田國男のすすめにより郡上へ来遊したが、7月16日の北町の昼火事に町の目抜き通りをはじめ、焼き滅んでいた。焼け跡に立った氏は、その情景を歌に詠み、後に歌集「海やまのあひだ」に七首が収録され、その冒頭の一首となっています。

「あぁどうしよう」

私は迷っていました。旧庁舎で購入したビニール傘を掲げて歩く城下町。傘を傾けると城が見えます。郡上八幡城。

永禄2年。織田信長がいまだ尾張統一すら成し遂げぬ戦乱の世にあって、美濃と飛驒、越前への要所となるこの地に遠藤盛数が陣を敷いたのがそのおこり。以来、五家にわたって城は引き継がれ、明治維新の変革によって城郭は取り壊されたものの、昭和8年に木造4層5階建の模擬天守閣が、全国のお城復興の先駆けとして再建されました。

城を目前に、二の足を踏む私。長良川鉄道の出発時刻まで一時間弱。坂を登れば城まで15分ほど。天守閣から雨の城下町が望めるかもしれません。

「春のはじめだったために雪が深く、道に難渋した」

司馬遼太郎も『街道をゆく』の中で触れ、日本で一番美しい山城と讃えたほど。

やはり、ここまで来たら登るべきだろう。しかし私は、山を登らずして城下町を後にしました。雨だからではありません。別の建造物が見たかったのです。

「おー、これかー」

それは、見事な建造物でした。蓬色の団子の上に漆黒のあんこと白いホイップクリームの天守閣。しかも、その脇にはきなこ色の雲が漂っています。私の前に聳えるのは、駅舎カフェのスイーツセット。まさに、「城より団子」。そして、昨日目にしたのは「エクレア」ではなく、きなこの揚げパンでした。コーヒーを飲みながら、至福のとき。一国の城主のような気分で味わっていました。

そういえば、お店の方に伺いたいことがありました。スナックで食べたピンク色のハム。旅館の売店でも見かけた丸太のようなハム。それぞれ名前が違う気がしたのです。「明宝ハム」と「明方ハム」と両方見かけます。どちらも、「めいほう」と読むのか。表記や読み方の違いはどうなっているのか。

「かつて、明方（みょうがた）という村がありまして」

彼女の口から出てきたのは、ややスパイシーで、とても奥行きのある話でした。

八幡町の隣に「明宝」という地域があるのですが、かつては明方村だった。そこで生産された「明方（みょうがた）ハム」が工場移転による流通の事情で生産ラインが分かれてしまい、JAが八幡で作る「明方ハム」、もともと明方村で作っていたものを「明宝（めいほう）

ハム」と名付けたのだそう。その後、地域が合併。村の名前自体は消えてしまいましたが、ライバル関係で切磋琢磨し、ハム戦争が話題ともなって、相乗効果もあったのでしょう。今や、地域を代表する二大ハムになったということです。

「へー、そんな背景があったのですか」

まるで、「明宝高校VS明方商業」。高校野球のような戦いが続いていたとは。もはや、部外者が立ち入ってはいけない領域ですが、その緊張感が今日まで支えていたのかもしれません。

壁には、煙をあげて汽車が走り、「さよなら国鉄」という言葉が添えられています。越美南線。その後、第3セクターとなり、「長良川鉄道」となったことはタクシー運転手さんから伺っていた通りです。

入り口に並んでいるお土産品の中から一筆箋を2つ手に取りました。ひとつは郡上おどり、もう一方は長良川鉄道の消しゴムはんこが美濃和紙に押されています。切符を手にして改札をくぐると、提灯の列の下で赤褐色の車両が停まっていました。郡上八幡に向かう時に比べ、かなり年季の入った車両の色が風景にとてもマッチしています。雨も上がり、山間から煙のように掠れた雲が立ち込めています。乗客のまばらな車内。ボックス席に腰を下ろし、出発を待ちました。

夜風が君の髪をなで、月がぽっかり浮かぶころ、三味に太鼓に笛の音が、川の瀬音に重なって、郡上おどりの夜がひらく。

「郡上の八幡出て行く時は、雨も降らぬに袖しぼる」

ゆれる提灯、君の影。響く手拍子、下駄の音。忘れかけていた日本の夏。心おどる夢一夜。

（「ぎふ郡上八幡観光協会」発行のパンフレットより）

岐阜県の山間の城下町。４００年にもわたって歌い、踊り継がれてきた郡上おどりは、もともと、江戸時代に城主が領民の融和をはかるために盆踊りを奨励したことに始まります。

そのような起源から、地元の人も観光客も隔たりなく、ひとつ輪になって踊るという、稀な祭事の形を保持しています。参加する踊り。7月から9月にわたって32夜、そしてお盆の4日間は徹夜で踊る。日本一ロングランのお祭り。踊りとともに始まって、踊りとともに終わる、郡上八幡の夏。いつか、夏に訪れ、浴衣を靡かせて、下駄の音を鳴らしたいものです。

列車が動き出すと、駅舎が山間に吸い込まれていきます。小さな駅を結ぶ、長良川鉄道。線路脇で、彼岸花の花火が打ち上げられていました。

16 タイムマシンに乗って

郡上八幡駅を出た赤褐色の車両。沿線に並ぶ彼岸花。右に顔を出したり、蛇行する長良川の雄大な流れの淡い水色。川渦の上を走る列車に揺られ、今日はこれから岐阜市内へ向かいます。

昨日のタクシー運転手曰く、岐阜に行くなら美濃市駅で乗り換えるといいとのこと。女学生がホームへ下りては、遠くに手を振る停車駅。のどかな時間が流れています。一方、スマホに目を向けている学生たち。こんな穏やかな列車も、地元の人にとっては通勤・通学の交通手段であって、いちいち景色に感動するものでもないでしょう。ゲームをやったり、友達と連絡を取ったり、誰かのランチ画像を見ているのかもしれません。多感な時期ですから。でもいつか、答えはその小さな窓の中ではなく、車窓の中にあることに気づくかもしれません。

かつて都内の住宅街で、電線を伝って歩くハクビシンをよく見かけました。スマホを見ていたら出会えなかったかもしれません。長良川の清流はいつもと同じようですが、自然界に同じ光景はないでしょう。

15時55分。予定通り美濃市駅に到着すると、列車はすぐに発車せず、しばらく停まっています。トンネルをくぐり、水色とオレンジ色の畑を抜け、珈琲店の店主の車を降りた場所に戻ってきました。

「ほんとに来るのかなぁ」

花壇を挟んだ先にバス停があります。手書きの時刻表によれば16時20分に岐阜行きのバスが来るのですが、どうも心配が拭えません。この表だけでは頼りなく、不安がつきまといます。ここにバスがやってくるのだろうか。改札を出る学生たちを、車がピックアップして去ってゆく駅前の広場。

「なんの木だろう」

バス停の前に、大きな木が緑の実を携えて空に伸びています。柿の木でしょうか。枝葉の隙間から木造家屋の窓が見えます。

「もしかして、あれはお店なのか」

ぐるっと正面に回ってみると、どうやら飲食店を構えている様子。のんびりお茶をする時間はなさそうですが、テイクアウトがもしあれば。

「あ、はい、できます」

アイスコーヒーならすでにリキッド状になっているかと思って注文すると、カウンターの中の女性は、焙煎の準備に入りました。

「素敵なお店ですね。いつ頃からやっているんですか」

「あ、はい。え、あ、どうしようどうしよう」

やや動揺しながら応対する彼女。

「ここって、バス、来ますよね。16時20分発って書いてあるんですけど」

「え、あ、はい。はぁ、どうしようどうしよう」

「岐阜の方ですか」

「いえ、あ、あの」

すると、男性が道具を抱えて入って来ました。おそらく旦那さんでしょう。話を伺うと、二人で東京から引っ越してお店を始め、2年ほど経つそうです。コーヒーの香りが立ち込める中、旅のことを語っていると、アイスコーヒーが出来上がりました。こんなに本格的に作るとは思っていなかったのですが、容器はポップで可愛らしく、透明の四角いパックにストローを差す、テーマパークで販売するようなものでした。

「裏にある木って、柿の木ですか」

「そうです、柿の木です。このあと実が成る(な)と思います」

私は、のんびりした空間で急かしてしまったことを申し訳なく感じながら、バス停に向かいました。ストローを咥え、吸い込むと、なかなかの苦味。可愛らしいパッケージと対照的なガツンとくる味でした。

「あれだ！」

現れました。勝手に不安を抱いていただけですが、バスがとても眩しく見えました。柿の木の向こうから大きなバスが迫ってくると、目の前をいったん通過し、奥で大きく転回して戻ってきます。柿の下で店の女性が立っていました。

「すごく、美味しいです、コーヒー」

「よかったです」

二人の間に立ちはだかるように停まるバスに乗り込み、窓側の席に腰を下ろします。緑色の柿の下で手を振る女性に見送られ、大きなバスは美濃市駅を出発します。

「とりあえず、よかった」

うだつの町は遠ざかり、徐々に商業的な看板が車窓を泳ぎ始めます。乗車時はほとんど空いていた席も埋まってきました。彼岸花はなくなり、流れるビルの街並み。そうして到着した岐阜駅は、さっきまでいた美濃市駅からタイムスリップしたかのようでした。人と建物とで隙間のない都会の光景は、もはや文明の進化を目の当たりにしたと同時に、この〝眩しさ〟に順応していたのだと、なんとも言えない気分になりました。ほんの数十分の距離で、こんなにも違う世界が共存している。もう、旅は終わったんだ。うだつの町や郡上八幡での時間が愛おしくなりました。

「ホテルパークまで」

雑踏から抜け出すようにタクシーに乗り換えると、市内の広い道を走ります。

「明日、金華山に行こうと思っているんです」

すると、スイッチが入ったのか、添乗員のように金華山の解説を始める運転手。

「でも明日は、90％雨の予報なので、景色は期待できないかもしれません」

大通りを逸れると、景色が一変しました。うだつの町で見たような、格子戸の木造家屋が並んでいます。

「ここは、川原町です」

川湊として栄えた町。宿泊施設やカフェなどもありそうです。暗がりに浮かぶ、あの人だかりは何でしょう。

「ここは鵜飼の観覧船の乗船場なんです」

「観覧船。こんな時間に乗るんですか」

「そうです、鵜飼は夜なので」

チェックインをして案内された角部屋の窓から、黄昏時の長良川が望めます。岸をコンクリートで固められ、美濃や郡上八幡を流れる長良川とは印象が異なりますが、雄大さは変わりません。あの大きな橋は長良橋。もう18時になろうという頃、浴衣に着替えて屋上にある露天風呂に向かうと、湯けむりの向こうで男性たちが月を見るように空を眺めています。

「それにしても、よくあんなところに築いたね」

「権力ってすごいね」

どうやらあの位置からお城が望めるようです。彼らが上がるところを見計らって移動すると、これまた見事な景色。ライトアップされて、天空に浮かんでいます。お城からの景観も素晴らしいでしょうが、城を眺めながらの温泉というのも粋なもの。それにしても、どれだけの石を運んだのでしょう。現代にタイムスリップしたかと思えば、また、昔にタイムスリップしたり。さらに、部屋に戻ると幻想的な景色が待っていました。

「始まったのか」

暗闇の中に赤い炎が漂っています。鵜飼が始まったようです。窓を開けると、鵜匠の歌声でしょうか。民謡のような、独特な節が漂っています。幻想的な光景。花火などの派手さはないものの、重厚感というか、厳かな雰囲気がありました。岐阜駅の光景を一度挟んだことによって、より、強調されているかもしれません。

「川端康成はこれを見たのか」

ラウンジに大きな写真が飾ってありました。川端康成の小説『篝火（かがりび）』はここで泊まった経験から構想を練ったそうです。

窓を開けて川に浮かぶ篝火を目で追いかけていると、チャイムが鳴りました。夕食の時間。さらに、素敵な景色は続きます。

最近の旅館は食事会場や個室で用意されるところが増えましたが、最後の夜ということで、のんびり部屋でいただくことにしました。もちろん、日本酒を飲む気満々です。

温泉に浸かり、浴衣に包まれ、畳の上で口にする日本酒は最高です。川では鵜飼の篝火が。石の上でジュウッと音を立てる国産牛、鮎の清流焼きなど、今夜のプレイリストも最高です。氷の詰まった樽に浸かって、日本酒の瓶が汗をかいていました。

「プライベートでいらしたんですか」

「はい。そもそも、鵜飼が夜って知らなかったです」

「あかりを頼りに集まってくるんですよ」

布団を敷いてくださっている、頭巾を巻いた女性たちが話してくれました。赤松なので油が多く、消えないとのこと。

「ここから眺めるくらいがいいですね」

間近で見たら可哀想に思えてしまうので。

「朝から何も食べさせないで行くのでね。確かに可哀想ですね」

でも、終わったらたくさん食べられるようです。

残酷の尺度がアップデートされて、古くから続く伝統が途絶えてしまうこともありますが、私は、遠くの篝火のおかげで、花火とはまた違う、和の美しさに耽ることができました。

「あぁ、よく眠れた」

はだけた浴衣で望む、朝もやに包まれた長良川。白鷺が川面を見つめてじっとしています。木製の細長い船が岸辺に並ぶ、小雨の朝。家族づれで賑わう朝食会場でお腹を満たし、部屋に戻ってからも、しばらく川を眺めていました。今日は金華山を登って、カレーでも食べて東京に帰ろう。ホテルを出ると、雨足は朝よりも強くなっていました。

16 タイムマシンに乗って

17 金華山

傘を揺らしながら歩いて数分。岐阜公園の中を進むと、金華山のロープウェー乗り場が見えてきました。館内でチケットを買うと、20名弱の観光客を乗せた箱は勢いよく上昇し、みるみるうちに視界が広がります。全貌を現す濃尾平野。閉じた傘の先が、床にぽたぽたと雫を垂らしていました。

「城跡や　古井の清水　先とはむ」

松尾芭蕉の一句。

「濃尾平野を見下ろす山の高さは329メートル。野鳥の森に指定され、キジ、山鳥など、多くの生物が生息しています」

案内役の女性が景色に言葉を添えてくれます。「濃」は美濃の濃。「尾」は尾張の尾でしょう。

箱から飛び出し、雨の中を歩く岐阜城への道は、上りの傾斜なので足に負荷がかかります。昔はロープウェーはなかったわけですし、石はどうやって運んだのでしょう。この城を築くのに、どれだけの労力を要したのでしょう。飲み残した日本酒をリュックで背負い、和紙の入った袋を抱えて目指す私。城主の変遷を表す看板を過ぎ、ようやく目の前に現れた岐阜城は、遠くで見ると小さいけれど近くで見ると圧倒されることを期待しすぎたためか、近くで見ても意外とこの程度かという大きさでしたが、いざ、天守閣へ登ってみると。

「これは見事だ」

天下の眺め。さすがは「難攻不落の城」。敵から攻められてきても、底しれぬ安心感があります。３６０度、ぐるっと一周できる作りになっているのですが、高層ビルからの眺めと違うのは、窓ガラスがないだけではなく、城主の気分が味わえるからでしょうか。雲の浮かぶ城下を一望。さぞ、気持ちよかったでしょう。この景色が力を与えてくれたでしょう。長良川がうねりながら遠くへ伸びています。あの上流に郡上おどりがあり、美濃橋があり、赤褐色の列車が走っている。

城内に展示された資料には、「岐阜」の由来が記されています。「国盗り物語」の主人公である、斎藤道三の居城でもありました。その後、織田信長がこの城を攻略、城主となり、地名を中国の故事から「岐阜」と名付け、「稲葉山城」を「岐阜城」に改めたと言われています。落城後は、徳川家康が関ヶ原の戦いの前々日にこの城に宿泊しているそうです。

一通り展示を見ると、私は、大事なことを思い出しました。すっかりあのことを忘れていました。

「すいぎん、ぐつ、ですか」

ロープウェーの切符売り場の女性は全く初耳のようでしたが、降りたところで別の係の人に尋ねると、建物を出て坂を下ったところにあるとのこと。さらに別の係員が、昨日タクシーで通った川原町にもあることを教えてくれました。

「ここかな」

砂利に囲まれて、茶屋のような休憩所があります。傘を閉じてガラガラと扉を引くと、足元に、柄杓を乗せた水琴窟が佇んでいました。閑散とした室内。中で、お茶とお菓子がいただける店舗になっているようです。

「いらっしゃいませ」

和服を着た女性が現れると、私は、水琴窟の音色を聞きにやってきたことを伝えました。店を利用せずに水琴窟だけ聞くことに一抹の後ろめたさを感じながら、水の跳ねる音に耳を傾けます。戸外の雨音の中で捕まえる、水琴窟の音色。やっぱり心が和みます。雨は弱まる気配もないのですし、せっかくなので、ここでひと休みしましょう。

「タクシー、呼んじゃおうか」

岐阜公園の砂利を雨が濡らしています。リュックも服も、雨を吸い込んだ色をしています。ここからタクシーで岐阜駅まで向かってしまおうか。本来の目的は十分果たしています。しかし、ここまで来て、近くにあると言われる水琴窟の音色を聞かずに去ってしまったら後悔するかもしれません。でも、この雨の中で……。私は両手でお椀を傾けると、一気に抹茶を流し込みました。透明の花を咲かせ、歩いて目指すは川原町。公園の外は大通りで、車やバスが行き交っています。靴の中に、雨水が染み込んでいる感触がありました。

「水琴の　靴に染み込む　雨の音」

郡上八幡で購入したビニール傘は雨笠のように小さく、リュックまでカバーできません。パーカーの袖もだいぶ重たくなってきました。雨はますます激しくなるばかり。何度も折れそうになる心を、七五調で支えていました。「窟」と「靴」をかけています。それにしてもどうしてこんなに惹かれるのでしょう。これほどまで私が水琴窟の音色に惹かれるのは、きっとそれが、五線譜から解放された音だからだと思います。

この世の中には無数の音で溢れていますが、五線譜では表せない音もたくさんあります。音程がずれると、ピアノは調律をしなくてはなりません。バイオリンやギターも調律を必要とします。しかし、たとえ音程がずれていても音は存在し、五線譜で表せられる音だけが存在を許されているわけではありません。五線譜は人間の尺度に過ぎず、社会の基準のようなもの。水が奏でる、五線譜で表現できない音の連なりに、「調律や音階に縛られない存在」を感じるのです。

最近では、ローファイサウンドという音楽ジャンルが世界的に浸透しています。音を歪ませたり、音程を少し狂わせたり。そういった潮流はもしかすると、単なる懐かしさではなく、調律された社会から逸脱したい、存在を許されたいという潜在的な願望が支えているのではないでしょうか。

水琴窟に鍵盤はなく、調律することはできません。五線譜という社会の基準から解放された音を味わうことができる、そこに私は魅了されているのだと思います。

格子戸の町並みが見えてきました。川原町に着いたようです。

「長良川デパートにあるって言っていたな」

一般的な「デパート」ではないだろうと予想しながら歩くと、現れました。長良川デパート。しかし、水琴窟は見当たらず、私は、対面の門扉に立つ着物の女性に尋ねます。

「じゃぁ、案内して差し上げて」

指名された女性の濡れた草履を追いかけながら1分ほど歩くと、道の反対側に佇んでいました。案内してくれた女性に礼を言って、水琴窟の前に立ちます。柄杓で水を流すタイプの水琴窟。しかし、雨音が大きすぎて何も聞こえません。耳を澄ませば澄ますほど雨音は激しくなり、脳内で再生される水琴窟の音を重ねました。

しかし、ここにあることを知ることができたのは大きな収穫。この旅で4箇所もの水琴窟に出会うことができました。それぞれの「音」がありました。

雨宿りがてら、せっかくだからお茶でもしよう。時間的にもうランチでいいかもしれない。特にあてはないものの、きっと、この通りに素敵なお店があるだろう、ないはずがないという確信を持って歩くと、洋食屋らしき看板が現れます。

「一名なんですけど」

民芸品のような土産物の前を通り、大きな赤い傘をくぐって案内されたのは、奥にグランドピアノが佇む、大正時代を思わせる空間。シックな焦茶色の壁板には、竹久夢二の描いた女性がずらりと並び、華やかな髪飾りを愉しんでいます。

「これは期待できそうだ」

メニューを開くと、絵画の淡い色とは対照的な鮮やかな色が目に飛び込んできました。江戸切子のような緑色の半透明のグラスに入った水が体の中を下りていきます。トイレでTシャツや靴下などを替え、乾いた衣服に包まれる私の前にやってきたのは、一風変わったオムライス。というのも、ふわふわたまごの中にご飯が入っているのですが、ケチャップご飯にはなっておらず、トマトが別添えになっています。かき混ぜて食べるのでしょうか。

「トマトが別添えって珍しいですね」

「そうですね。ご飯も生姜ご飯なんです」

「あ、そうだったんですか」

そこまで気づけませんでしたが、誰かがいい仕事をしている気がしました。大正ロマン。かつての洋食屋の雰囲気を味わえました。デザートとコーヒーをいただき、もう、これで思い残すことはありません。

「さっき、天守閣上ってきました」

フロントガラスの水滴をワイパーが弾いています。ポルトガル人宣教師ルイス・フロイスは、山麓の建物を「地上の楽園」と称し、また、誰もが自由に商売できる「楽市・楽座」で賑わう城下町を「バビロンの雑踏」と称したほど、その豊かさに感動したのだと、タクシー運転手は控えめに言います。

「鵜飼って、夜にやるの知らなかったです」

すると、運転席から興味深い言葉がこぼれて来ました。

「鮎に鵜の噛んだ跡がついていると、いいらしいですよ」

「鵜の歯形ですか」

「そうです。歯形がついている方がいいと言われています」

一度呑み込んだものを出すわけですから、そういう鮎がいてもおかしくありませんが、そんなことを探したことも、意識したこともありません。

「いいというのは、ジンクスみたいなものですか」

「はい、何がいいのかはわからないんですけど」

四つ葉のクローバーみたいなことでしょうか。鵜の歯形のついた鮎が存在するとは。誠に勝手ながら、私はそれを「幸運の歯形」として流布したいと思います。

「かの松尾芭蕉も諸国を漫遊した時に、この長良川で詠んでいますからね」

そう言って彼は詠み上げます。

「おもしろうて　やがて悲しき　鵜舟かな」

１６８６年。その句が刻まれた句碑が乗船場に残されています。

「鵜飼って、観光用ですよね」

「はい。でも、鵜匠って、公務員なんです」

「公務員……」

そもそも、鵜飼は昔から国の保護があったようで、今でも長良川の鵜匠は国の管轄で働いているそうです。

「駅前に織田信長がいるんで、ぜひ、そちらも」

そうして、岐阜駅に到着。ここから在来線で名古屋へ向かいます。なんとか無事に帰れそうです。疫病から身を守る、戦国武将の姿がありました。

17

金華山

18　電源を入れるまで

安堵と充足感に包まれて歩く新横浜駅の雑踏。近くに停めておいた車に乗り、エンジンをかけます。予想通りの部分と、予想外の部分と、程よい塩梅で浸かることのできた3泊4日、スマホなしの旅。台風による交通のハプニングこそありましたが、とても充実した気分で帰って来られました。

「なんだか帰りたくないな」

旅を終えたくないということなのか、現実に引き戻されたくないのか、自宅が近づくにつれて、充足感の陰に別の感情が潜んでいることに気づきます。

このまま電源を入れずに生活したいけれど、そういうわけにもいかないし。明日から始業式を迎える夏休み最後の日のように、気が重くなる帰路。電源を入れたら、また、現実に戻ってしまう。出発する前に、「君がいないとやっぱりダメだ」と、泣きながら帰って来るかもしれないと思っていた予想は外れました。

18 電源を入れるまで

「電源を入れたくない」

散々自由に遊びまわったけれど、もうすぐアルゴリズムの鎖に繋がれてしまう。

「スマホの電源を入れるまでが、スマホなしの旅」

しかし、車を降り、玄関を開けても、すぐにスマホに向かうことはできず。どうしても電源を入れる気持ちになれません。今日はこのまま寝ることにして、明日の朝にしよう。このまま電源を入れずに寝てしまおう。そうして迎える朝、私は寝起きの勢いを借りて、スマホを手にしました。

「いつかは、入れるのだから」

指先に力を込めます。浮かび上がるりんごのマーク。かつて、海外に行くと、戻ってきて留守番電話の伝言がたくさん入っていたのを思い出しました。成田で数十件の留守電を聞いたものです。やがてアプリが整列すると、異常な数の着信や未読、連絡が滞っていた形跡はなく、どこかに迷惑をかけている様子もなく。

「台風、来ているのか」

すでに次の台風が接近し、昨晩は新幹線も止まっていたことを知りました。台風と台風の合間の旅だったようです。

きっと、スマホを持っていても、素敵な景色に出会えたでしょう。スマホが快適な旅をアテンドしてくれたでしょう。でも、スマホを置いても、素敵な景色に出会うことができました。素敵な音色にたどり着けました。スマホなしで過ごした時間が、とてもキラキラしているのは、タレントだからでも、古くから残る特別な場所だったからでもないでしょう。人の言葉に誘われて出会った景色。アルゴリズムの外側は、優しい色が広がっていました。スマホを置いて旅したら、なにより、自分の充電ができました。

スマホを手にすることで輝く日常。スマホを持たないことで輝く時間。どちらの輝きも味わえることができたら。同じ世界にいても、スマホを持たないだけで、彩りが変わると、私は信じています。

だから、時々、スマホを置いて。スマホの窓から覗いた景色ではなく、誰かのレンズ越しの世界でなく、自分の目で掴んだ色で、世界を構築したい。

では、これからカメラを現像に出しに行きたいと思います。っていうか、コンビニって、現在でもフィルムを現像してくれるのでしょうか。

「お渡しは、2時間後になります」

意外な速さに驚きました。やはり、近所のコンビニではフィルムの現像業務を請け負っておらず、写真屋さんに持っていきました。コンビニでバイトをしていたので控え伝票を渡した覚えがありますが、以前は、もう少し時間を要した記憶。アナログ回帰とはいえ、現在どれくらいの人がフィルムの現像を依頼しているのかわかりませんが、今は、現像だけでなく、スマホへの転送機能や、CDでデータをお渡しというサービスもあるようです。

学生の頃、遠足や修学旅行があると、後日、同行したカメラマンの撮影した写真が廊下に貼り出され、欲しい写真を申し込んだものです。もちろん、貼り出された写真はイタズラされることもありました。

「うまく撮れているだろうか」

伝票を手にして跨がる自転車。フィルムの使用期限を少し過ぎていたことも気になります。

「こちらご確認ください」

手品師がトランプを見せるように現像された写真を広げる男性店員。薄いビニールの中に入ったネガフィルムと、現像された写真が束になっている、ツルツルの封筒。受け取った時の厚みと重さも妙に懐かしく。

「おお、いい感じ」

家に帰って上から順に見ていきました。アナログ写真はいいとは聞いていましたが、それは本当でした。淡い光に包まれた世界がそこにありました。フラッシュを使用せずに撮影していたので、鮎2匹が暗闇の中で泳いでいたり、はっちゃんの店内は半分真っ暗だったり、何が写っているのか解析に時間を要するものもありましたが、バスの車窓、うだつの町の格子戸、長良川の濁流、大きな楠。確かに27枚撮っていました。シャッターを押した瞬間は、どれも記憶に残っていました。撮影した時の想いまでもが映し出されているようで。

でも、驚きました。こんなに柔らかな風合いだったとは。当時はこれが鮮明で、これが普通だったのに。デジタルの画質に慣れてしまうと、こんなにも趣を感じるのでしょうか。デジタルがあるから、アナログが輝くのでしょうか。

そういえば写真屋さんを出る時、ちょっと不思議なことがありました。

駅前なのでとても人の往来が激しかったのですが、その流れを気にせず、私の方に向かってくる女性がいました。何か言われるのだろうか。知り合いだろうか。

「あの、駅の北口って、どうやって行けますか」

道を訊ねられ、私は、あの突き当たりを右に曲がると近いと伝えます。でも、どうして私に。これだけ人がいて、人の流れをかき分けて、わざわざ向かってきたのだろう。もしかしたら、あの人は、「糸の切れた凧」なのかもしれません。

18 電源を入れるまで

スマホを持って旅したら

「スマホなしの旅ですか。いいですね」

連絡がつかなくなる旨を事前に知らせておこうと知人に送ったメールの返信。次のような言葉が続きます。

「日常から離れることこそ、旅の醍醐味です」

日常から離れる。旅というものの捉え方、求めるものは人それぞれですが、確かに、普段の生活から距離を置き、「非日常」を求める人は少なくないでしょう。いつもと違う環境で、仕事を忘れてリフレッシュ。旅先では頭を空っぽにしたい。

「旅館で執筆」という行為に若干の憧れはありますが、基本的には現実から離れたい。なのに、旅の間に仕事のメールが来たり、頻繁に着信があると、せっかく碧い海を前にしても、温泉に浸かっていても、現実に引き戻され、旅を満喫できないかもしれません。「非日常」。それは、「糸の切れた凧」のように、ネットで繋がっている状態から解放される時間。日常からのログアウト。もしもスマホを持って旅したら、たびたび日常にログインしていたかもしれません。

スマホを持って旅したら、土産話は減っていたでしょう。

旅から帰ってきて、道中の出来事を友人に聞いてもらう。最近は、そんな土産話よりも、旅の間にSNSで発信し、今こんな素敵な場所にいるよと報告するケースが多い気がします。それはしばしば、「共有」という名目で行われますが、そこにはどこか発信者の「誇示」に近いものもあり、「いいなぁ」と羨望の眼差しを向けられることで、旅の充足感に繋げていたり。そもそも、「今」を共有ということにあまり意義を見出せない私は、どちらかというと、旅が終わってから報告する「土産話」派ですが、もしもスマホを持っていたら、SNSに写真などをアップして小出しにすることによって、相対的に土産話の濃度が薄まり、このような書籍へのエネルギーは溜まらなかったかもしれません。

スマホを持って旅したら、写真をたくさん撮っていたでしょう。

外国の映画で日本人を描写する際に、やたらとレンズを向けたがるキャラクターにされることがあるように、日本人は写真撮影が好きな国民性のようです。観光地の顔出しパネルもその賜物かもしれません。かつて私も、振り回されていました。とにかくレンズを向けてしまう。そこには、残したい気持ちや誰かに見せたいという欲求もありました。しかし、残すことにばかりに気を取られ、「今」という瞬間をしっかり味わっていないのではと感じたのです。「今」を自分の目で捉えていない。写真で残せる安心感に胡座をかき、「今」を油断している。それで、カメラを持たずに旅に出たことがありました。自分の目に焼き付ければレンズを向ける必要ない、と。すると、どうでしょう。ものすごく後悔しました。あぁ、なんでカメラを持ってこなかったんだと。そんな、「後悔」というフィルムにしっかりと焼き付けられた、何回目かのアイスランド。

27枚撮りのような枚数制限がないので、スマホだと撮りたいだけ撮ってしまいます。今回は、ペース配分こそ間違えたものの、使い捨てカメラだったので、無闇に撮影することはありませんでしたが、スマホを持っていたら、撮影することに振り回され、自分の目で眺める時間が短くなっていたと思います。

スマホを持って旅したら、検索してからお店に入っていたでしょう。

スマホのない時代。看板や暖簾など、外観から味を想像したものです。それこそ、レコードのジャケット買いのように自分の感覚で見極め、失敗を受け入れていました。それが、いつの間にか、お店に入る前にグルメサイトを検索し、レビューを確認するようになりました。失敗したくないから、ネット上の評価を参考にするようになりました。だからきっと、レビューを見てから暖簾をくぐっていたでしょう。

自分で判断せず、「この店はまずい」とか「接客の対応が微妙」などという、見知らぬ誰かの言葉に誘導されていたでしょう。タクシーの運転手さんに訊いたり、自分で判断してくぐった暖簾の先には、アルゴリズムという調味料のない風味がありました。

スマホを持って旅したら、こんなに車窓を眺めなかったでしょう。

普段の電車でも車窓を眺める人は少なくなりました。子供の頃、流れる街並みが見たくてシートに立ち膝をすると、「靴を脱ぎなさい」とよく叱られたものです。そういった子供たちも見かけなくなりました。電車に座る人全員がスマホの画面を覗いている。私も、シートに座って、小さな画面を見つめていたかもしれません。行き先の情報を調べ、車窓を眺める時間は減っていたでしょう。駅のベンチでぼーっと電車を待つ時間も、液晶画面に向けられてしまったでしょう。柿の実の青さに気付かず、コーヒー屋さんをネットで見つけていたかもしれません。

我々は、この小さな窓に何を求めているのでしょう。検索だけでなく、チケットの手配や、財布としての役割、ゲームをしたり。目的があるならまだいいです。意味もなく触っていたりすることはありませんか。もはや癖になっている。利用なのか、依存なのか。いずれにしてもそのほとんどは、「今、何が起きているか」を覗いているのではないでしょうか。

誰が何を発信しているのか。自分の発信したものがどのように伝わっているか。世の中の変化をスマホの画面越しに確認している。裏を返すと、自分が今、どんな位置にいるのか。社会の立ち位置を気にしている。自分と社会との関係性。その結果、画面にばかり気を取られて、身の回りで起きていることに目を向ける時間が減ってしまう。自分と関係のない場所で起きた事象に関心を寄せ、自分の身の回りに向き合わなくなっている。

リモート会議が一気に普及しました。そこで感じたのは、無意識にさまざまな情報をキャッチしているということ。画面は言語空間であり、映像空間。しかし、現実はそれだけではありません。私たちは振動や感触、そういった記号化されていないものを味わう生き物ではないでしょうか。

音楽フェスのライブ配信もスタンダードなものになりました。その中の多くは、画面に映る情報から、過去のフェスで味わった体験を呼び戻し、補完し、楽しんでいるのだと思います。群衆や音の振動を体で経験していない人が映像だけで感じるものとは違うのです。デジタルで味わっているもののほとんどが、実際に体で感じたものを喚起しているのではないでしょうか。

表情や仕草、匂い。目の前の世界は、とても情報に富んでいます。言葉をキャッチしているようで、音やその背景を同時にキャッチしています。見えない相手からの言葉だと深刻に受け止めてしまうのに、直接目の前で言われる言葉を許容できるのは、言葉の周りにも無数の情報があるからではないでしょうか。身の回りには記号化・信号化されていない、たくさんの情報が溢れています。匂いや感触、手応え。スマホからは得られない刺激がたくさんあるのです。そしてそれが、「生きている実感」につながるのではないでしょうか。

スマホを手にすることで、便利かつ簡単に情報を得ることができますが、辞書の重さを感じずに言葉の意味を得ることに慣れてしまい、私は、辞書の重さを味わいたくなっただけかもしれません。

辞書の重さを奪われ、それによって生きている実感を失ってしまい、充足感を失い、自信がなくなり、私たちは、自分で幸せかどうか決められなくなってしまいました。周囲にどう思われているかが重要になってしまいました。

自分がどう思うかよりも、他人がどう思うかに重きを置いている。それは、悪いことではありません。でも、疲れてしまいます。どう思われたっていい。知らなくたっていい。もっと、ローファイでいいのです。

海外旅行に慣れていない頃。このバスで合っているのだろうか、この電車でいいのだろうかと、行動ひとつひとつに不安が付き纏いました。だからこそ、ひとつひとつの些細な行程に感動がありました。それは、ダイナミックな景色を眺めるものとは違う、小さな感動かもしれませんが、無事に辿り着けた時の喜びは大きいものでした。確かに、スマホがあると、とても安心します。検索すれば、効率がよくなります。その代わり、無難な旅になってしまうかもしれません。寄り道したり道草食ったり、道に迷ったり。非効率な時間にこそ、豊かさは潜んでいる気がします。スマホのおかげで道に迷わなくなったけれど、情報量が多すぎて、人生の迷子になっている。

スマホを持って旅したら、気づかなかったと思います。本当の理由を。

スマホから離れたいというのは、あくまで意思決定は自分で行いたいという願望。画面越しでなく、誰かの目線や価値観を通過したものではなく、自分の感覚で実感したい。それはつまり、世界を愛したいということかもしれません。

スマホを置いて旅したら、世界を実感しました。表情が見えてきました。スマホによって省かれた時間や、感触を、取り戻すことができました。

しばしば、人生は旅に喩(たと)えられます。目的地を見失ったら、人生に迷ったら、スマホを置いてみてください。スマホの充電もいいですが、自分を充電することも、どうか忘れないでください。

あらためて、最後まで私の旅にお付き合いいただき、ありがとうございました。旅の途中で出会ったみなさんに、感謝の気持ちでいっぱいです。お気付きかと思いますが、本を開いて最初の扉が美濃和紙ですので、ぜひ感触を味わってもらえたら嬉しいです。尚、巻末に「旅のしおり」と、使い捨てカメラで撮影した「27ギャラリー」を付けました。予定ではなく、実際に足を運んだ軌跡を載せましたので、参考までにご覧ください。スマホを持って旅しても、きっと素敵な出会いが待っていると思います。

そして最後に、愉快なイラストを書いてくださった風間勇人さん、衝動的な旅を一冊の本にしてくださった大和書房さんにも感謝しています。書籍化の際に、ふと、以前寄稿したコラムを思い出し、併せて掲載させてもらいました。このとき、出発の準備が始まっていたのかもしれません。それではみなさん、よき「旅」を。水琴窟のような音色を響かせてください。

りんごの木の下で

別れよう、そう思ったのは彼を嫌いになったからでも、ほかに好きな人ができたからでもない。むしろ、彼への愛情は以前よりもあるというのに、こうやって、黙って彼の元を離れるのは、このままだと、駄目になってしまうと思ったから。私が、彼を駄目にしてしまうと思ったから。

出会った頃は、そんな風に、思わなかった。あの頃は、ただ楽しかった。それが、いつの頃からか、彼の様子がおかしくなってしまった。周囲のことばかり気にするようになった。自分がどう思われているか、四六時中チェックするようになった。終始俯いて、あんなに好きだった空を眺めることも、ぼーっとコーヒーを飲むこともなくなった。眉間に皺なんてなかった。そして、彼の表情から、笑顔が消えた。

最初はそれでもいいと思った。私は彼を愛しているし、彼も私を必要としている。私がどうにかして、元の彼に戻してあげたい。でもあるとき、気が付いた。彼から笑顔を奪ったのは、私だった。彼から空を奪ったのは、私だった。そんなことないって彼は言うけれど、私は、一緒にいるのが辛かった。

彼は、私がいないとなにもできない男になっていた。

私がいなくたって力強く生きていけるのに、私と出会う前は胸を張って歩いていたのに。彼は錯覚していた。私がいないと生きていけないと、勘違いしていた。

だからといって、こうやって、勝手に彼の手から離れていくことが正解だとは思わないけれど、いま、私が彼のためにできることは、これくらいしかない。前みたいに、空を眺めて欲しい。俯かないで、周囲のことなど気にしないで、自信をもって歩いてほしい。それにはまず、私がいなくならないと。

りんごの木の下で、私は、横になっていた。

「こんなとこにいたのか」

聞き覚えのある声だった。彼の姿がそこにあった。彼の顔が近づいてきて、摑まれたとき、見つけられたことへの喜びがないことを実感した。

「キミがいないと、駄目なんだ」

まるでいまから鳴き始めたように、蟬の声が聞こえてきた。彼の手の中で、私は精一杯、体を傾けた。空が映るように。


（「俳句界」2013年8月号掲載）

ふかわりょう

1974年、神奈川県出身。20歳の時にお笑い芸人としてデビューして以降、テレビ・ラジオのほか、文章を書いたり曲を書いたり、ぬかるみの中で暮らしている。好きな人には好かれ、嫌いな人にはとことん嫌われる生き物。著書に『ひとりで生きると決めたんだ』『世の中と足並みがそろわない』（ともに新潮社）、アイスランド紀行『風とマシュマロの国』（幻戯書房）などがある。

スマホを置（お）いて旅（たび）したら

2023年4月25日　第1刷発行

著者
ふかわりょう

発行者
佐藤 靖

発行所
大和（だいわ）書房
〒112-0014 東京都文京区関口1-33-4
電話 03-3203-4511

カバー印刷
歩プロセス

本文印刷
信毎書籍印刷

製本
ナショナル製本

ISBN978-4-479-39403-7

https://www.daiwashobo.co.jp/
JASRAC 出 2301506-301

27ギャラリー

最初の一枚

旧今井家住宅。格子戸がいいですね

屋根の左端にあるのがうだつです

キッシュを食べたカフェ

台風が去った後の長良川

今でも川面を照らしています

美濃橋の上から

竜の背鰭のような山並み

うだつくんに遭遇

なまこ壁

うだつのデコ合戦

うだつの町を見下ろす楠

酒屋さんの店内

初日の宿

ワシナリーの中

天井から吊るされています

寝室の小窓

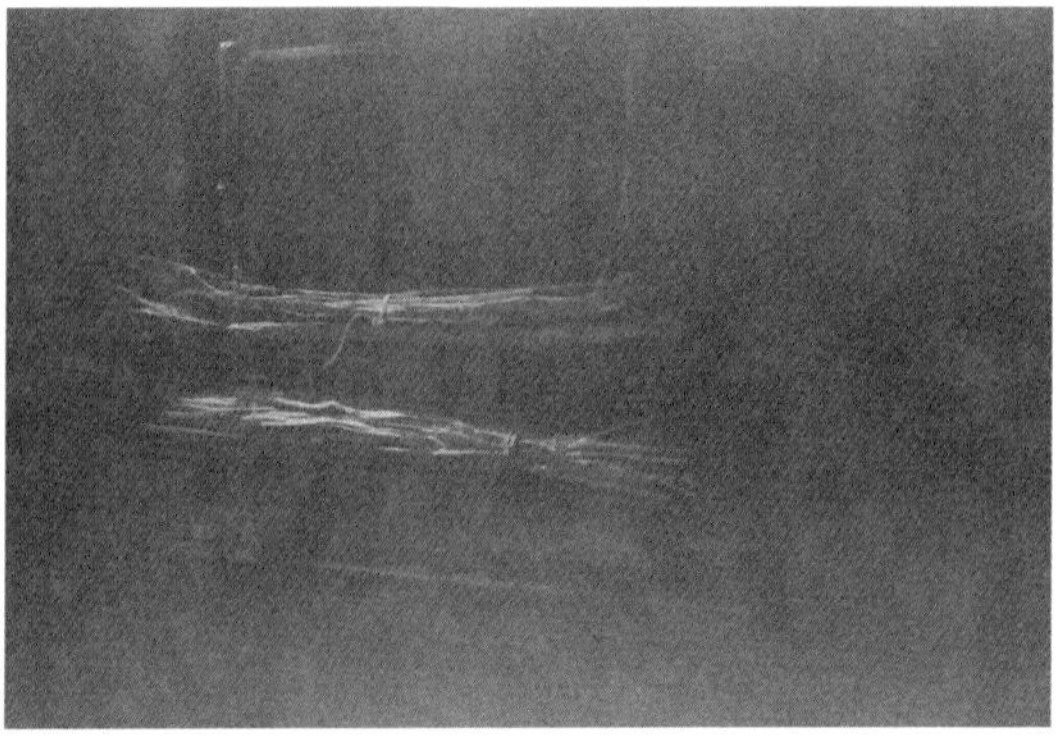

壁に掛けられていた楮

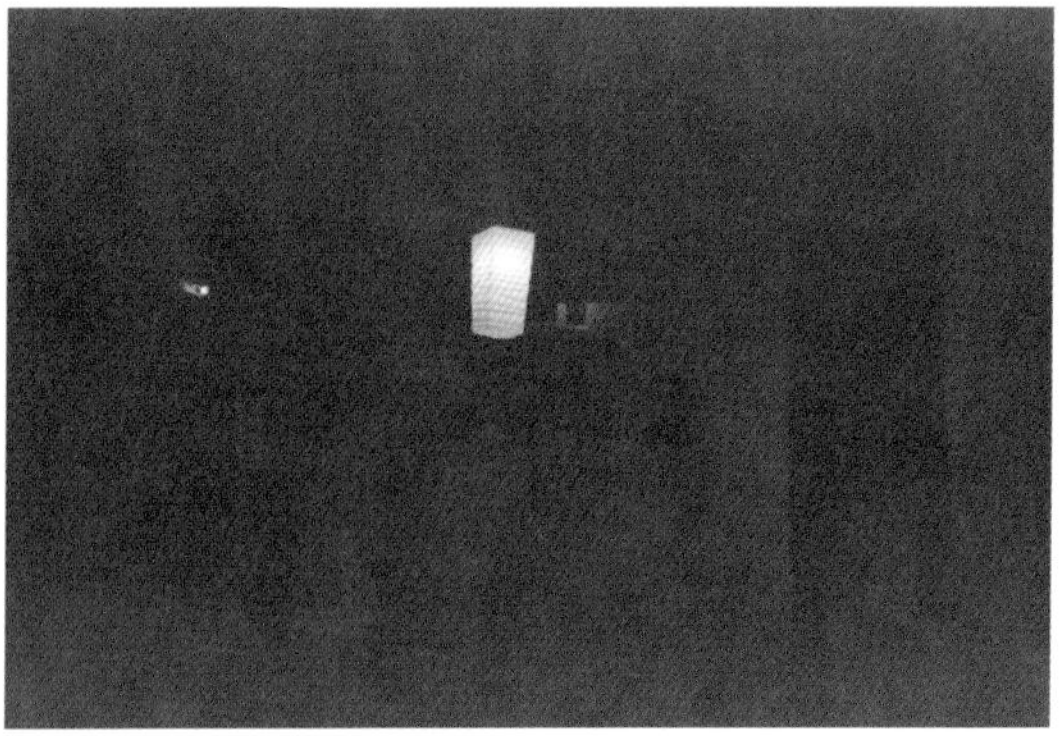

気分は江戸時代の侍

左の蔵に泊まりました

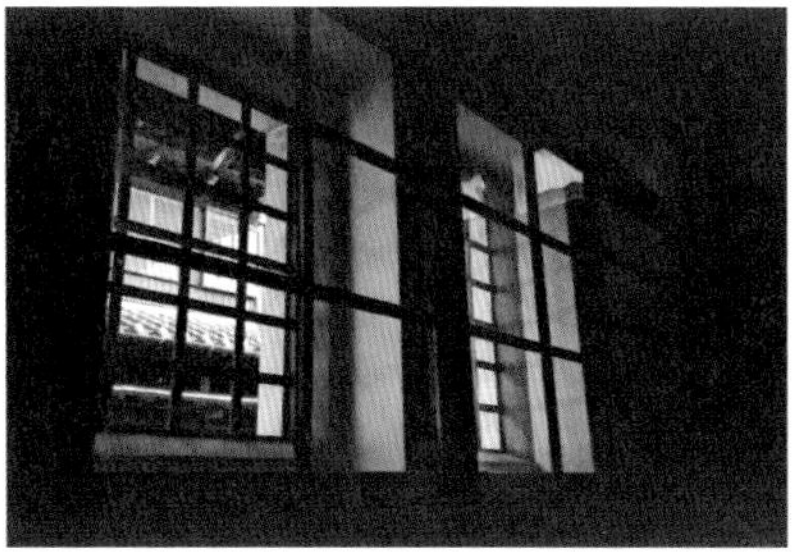

蔵の窓から光が溢れ

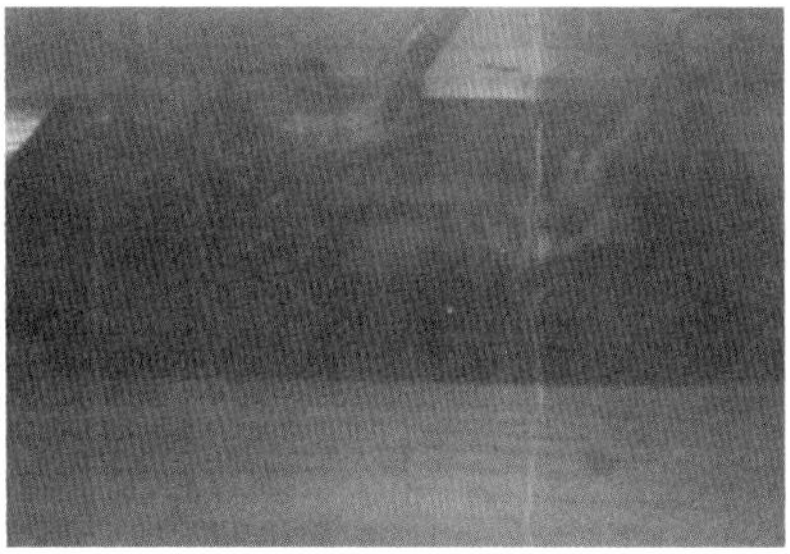

鮎が2匹泳いでいます

おじさんたちの巣

旅のノート

UDATSU ROAD

たくさん
ぼーっとしよう！

MEMO

持っていくもの

- □ 着替え

Tシャツ4枚　下着4着　くつ下4足

- □ 使い捨てカメラ
- □ デジタルカメラ（記録用）
- □ マスク

- □ 消毒液

- □ 薬
- □ 目覚まし時計

- □ 旅のノート
- □ ペン

持っていかないもの

- □ スマホ
- □ オーディオプレイヤー
- □ 本

17:45　ホテルパーク チェックイン
18:00　温泉入浴
19:30　夕食
22:00　就寝

4日目

6:00　起床
9:50　チェックアウト
10:10　金華山ロープウェー
10:20　岐阜城
11:00　岐阜公園来園者休憩所 水琴窟③
11:30　川原町着 水琴窟④
11:40　ランチ Cáfe & gallery 川原町屋
13:00　川原町発～タクシー～
14:00　岐阜駅着～名鉄名古屋本線～
14:50　名古屋駅着
15:10　名古屋駅発～新幹線のぞみ～
16:30　新横浜駅着～車～ 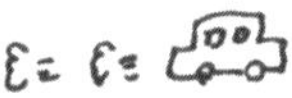
17:00　自宅着

＊時間はだいたいのものです。

3日目

7:00 起床～温泉♨

8:00 朝食

9:00 チェックアウト～タクシー～

9:15 大滝鍾乳洞着～鍾乳洞見学～

10:15 大滝鍾乳洞発～タクシー～

10:45 慈恩禅寺着 （水琴窟②）

11:15 慈恩禅寺発

11:30 いがわ小径～雨宿り～

12:00 郡上八幡旧庁舎記念館

12:15 昼食①（蕎麦処 俄）

13:00 昼食②（キッチンなお）

13:40 お抹茶処 宗祇庵着

14:15 郡上八幡旧庁舎記念館発～タクシー～

14:30 長良川鉄道・郡上八幡駅着（駅舎カフェ）

15:00 郡上八幡駅発

15:55 美濃市駅着

16:10 （café 灯家）

16:20 美濃市駅発～岐阜バス～

17:30 岐阜駅着

2日目

7:00 起床
朝の散歩
7:40 朝食
9:00 旧今井家住宅 水琴窟①

10:00 チェックアウト
10:15 Washi-naryで買い物
10:45 旧今井家住宅
11:30 美濃和紙あかりアート館
12:00 観光案内所発～タクシー～

12:30 美濃和紙の里会館着
13:00 紙漉き体験
13:45 美濃和紙の里会館発～タクシー～
14:10 うだつの上がる町着 LUOGO coffee &craft
14:50 LUOGO coffee &craft発～車～
14:55 長良川鉄道・美濃市駅着
15:02 美濃市駅発
15:50 郡上八幡駅着～送迎バス～
16:10 ホテル郡上八幡チェックイン
18:00 温泉入浴
19:00 夕食～大広間～
21:00 温泉入浴
22:00 就寝

1日目

6:00 自宅出発〜車〜 ころころ

7:00 新横浜駅着

7:30 新横浜駅発〜新幹線のぞみ〜

9:00 名古屋駅着

9:45 名鉄バスセンター発〜岐阜バス〜

10:35 関シティターミナル着

10:45 関シティターミナル発〜タクシー〜

11:00 うだつの上がる町着

11:30 昼食 &CAFE

12:30 長良川沿い散策

13:00 うだつの上がる町散策 ← Washi-nary見学

14:00 ホテルチェックイン NIPPONIA美濃商家町

14:30 入室

17:00 夕食 美濃観光ヤナ 〜タクシー〜

17:45 夕食 鮨・湖月

19:30 酒処 はっちゃん

20:30 カラオケ・スナック

21:45 ホテル着

22:00 就寝

鮎を食べたい

焼き、刺し身

旅のしおり

3泊4日

岐阜・美濃

水琴窟の音を

聴く旅